Benvenuti!

Sie haben schon Vorkenntnisse in Italienisch und möchten Ihr Wissen unterhaltsam und entspannt aufpolieren? Sie wollen aber nicht wieder bei Null anfangen ... Dann starten Sie doch mit einer kurzen Geschichte! Lesen ist eine der effektivsten Methoden, um eine fremde Sprache zu erlernen. Wir haben für Sie hier zehn kurze Geschichten ausgesucht, mit denen Sie Ihre Grammatik- und Wortschatzkenntnisse auffrischen und erweitern können. Ob Krimi, Liebesgeschichte oder Komisches: Mit unterhaltsamen Geschichten lernt es sich entspannter. Die Texte sind kurz und so lässt sich das Lernpensum gut an Ihre Bedürfnisse anpassen und Sie können auch unterwegs, im Zug oder im Urlaub, lernen.

Wie lernen Sie mit dem Sprachkurs?

Der Sprachkurs enthält 10 Lektionen. Auch wenn Sie schon Vorkenntnisse haben, empfehlen wir Ihnen, die Lektionen der Reihe nach zu bearbeiten, da die Themen, besonders die der Grammatik, im Laufe der Lektionen aufeinander aufbauen und sich im Schwierigkeitsgrad steigern.

Jede Lektion enthält eine abgeschlossene Geschichte und passende Übungen dazu. Je nach Geschichte haben wir diese in mehrere Abschnitte unterteilt.

Lesen Sie zuerst den ersten Abschnitt einer Geschichte. Die Erklärungen der schwierigsten Wörter am Seitenrand helfen Ihnen diese zu verstehen. Übungen zum Leseverstehen und zum Wortschatz unterstützen Sie dabei, die Geschichten weiter zu entschlüsseln. Die wichtigsten Grammatikthemen werden anhand von Beispielen aus den Geschichten aufgegriffen, erklärt und geübt.

So erschließen Sie sich nach und nach den Teil der Geschichte und können dann mit dem nächsten Abschnitt fortfahren – bis zum Ende der Geschichte. Nach und nach werden Sie so die Geschichte besser verstehen und haben so ganz ohne Büffelei Ihre Italienisch-Kenntnisse wieder aufgefrischt und erweitert.

Am Ende des Buches können Sie die Lösungen zu den Übungen und schwierige Wörter im alphabetischen Wortverzeichnis nachschlagen. Weitere Wörter können Sie auch unter www.pons.de kostenlos nachschlagen.

Viel Lese- und Lernvergnügen!

Ihre PONS-Redaktion

Im Kurs verwendete Abkürzungen:

Abkürzung	Bedeutung
f.	feminin – weiblich
m.	maskulin – männlich
Pl.	Plural – Mehrzahl
qc.	qualcosa – etwas
qcu.	qualcuno – jemand

1. Un piatto che va servito freddo

La terrazza del piccolo ma lussuoso ristorante è tutta occupata, non ci sono tavoli liberi. La luce del sole *si riflette* sui bicchieri di spritz e prosecco, nell'aria calda si sente il rumore di *risate* e di voci rilassate.

Stefano rimane fermo per un momento, con un'agenda con la *copertina* nera sotto il braccio. È arrivato troppo tardi. A Venezia, se vuoi trovare un tavolo in un bel ristorante vicino al Canal Grande, devi arrivare molto prima.

riflettersi – *sich widerspiegeln*
la risata – *Gelächter, Lachen*
la copertina – *Einband*

Guarda ancora una volta il canale e le persone eleganti che *si godono* il sole e la vista, poi si gira e va verso l'uscita.

godersi qc – *etw. genießen*

Domani devo arrivare prima, pensa.

È un posto così rilassante… Stefano è sicuro che qui è facile trovare l'ispirazione.

L'ispirazione. È a Venezia da quasi una settimana, ma ancora non ha avuto nessuna nuova idea.

È quasi arrivato alla porta, quando sente una voce *bassa* che gli parla in modo gentile: "Scusi?"

basso – *tief*

Si ferma, si gira e vede un anziano signore ben vestito. È seduto a un tavolo, da solo. "Sì?" risponde Stefano.

"Sta cercando un tavolo? Io sono da solo… Se vuole può *sedersi* qui, c'è una sedia libera. La vista del canale non è eccezionale, ma c'è un po' di sole e *il cibo* qui è davvero ottimo."

Per un momento Stefano è *indeciso*.

sedersi – *sich setzen*
il cibo – *Essen*
indeciso – *unentschlossen*

È venuto in questo ristorante per sedersi vicino al Canal Grande, ma c'è qualcosa di interessante in quest'uomo anziano così educato.

"Grazie mille, molto gentile, accetto volentieri."

Il signore si alza in piedi e dà la mano a Stefano: "Savini."

"Piacere, io sono Stefano."

il sorriso
– *Lächeln*

L'uomo fa un *sorriso* gentile e Stefano lo osserva più attentamente.

abbronzato
– *braun gebrannt*
segnato
– *gezeichnet*

È alto, ha le spalle larghe, le braccia robuste e le mani grandi. Ha la pelle del viso *abbronzata* e *segnata* dal sole. Porta vestiti eleganti ma semplici. I vestiti di un uomo che ha molti soldi, ma che ha lavorato duramente per averli.

Sì, i vestiti gli stanno benissimo. A parte, forse, il foulard blu che porta al collo.

Stefano si siede e per un momento rimangono in silenzio, mentre Stefano si guarda intorno.

28.12.21

1. Stefano e il signor Savini

Haben Sie den Text in groben Zügen verstanden? Dann kreuzen Sie an, ob die folgenden Aussagen richtig oder falsch sind.

	VERO	FALSO
1. Stefano è a Venezia da quasi un anno.	○	☒
2. Cerca un tavolo vicino al Canal Grande.	☒	○
3. Trova un tavolo libero.	☒	☒
4. Il signor Savini è molto gentile.	☒	○
5. I suoi vestiti sono semplici.	☒	○
6. Il signor Savini non ha molti soldi.	○	☒

2. Essere

C'è und *ci sono* werden mit dem Verb *essere* gebildet. Wiederholen Sie nun dieses wichtige Verb. Die Tabelle mit den Formen ist unvollständig. Die fehlenden Formen finden Sie im Text.

essere *(sein)*

io **1.** ____________	noi siamo
tu sei	voi siete
lui / lei / Lei **2.** ____________	loro sono

Die Personalpronomen **io**, **tu** usw. werden meist weggelassen. Man verwendet sie nur zur Hervorhebung oder Gegenüberstellung: **Piacere, io sono Stefano**. *Freut mich, ich bin Stefano.*

3. Avere

Das Verb *avere* ist ebenso wichtig wie *essere*. Sie brauchen es z. B. um eine Person zu beschreiben, wie den Mann im Restaurant.

Sehen Sie sich die Tabelle von *avere* an und ergänzen Sie dann im Text die richtige Form von *essere* oder *avere*.

È alto, ha le spalle larghe, le braccia robuste e le mani grandi. Ha la pelle del viso abbronzata e segnata dal sole.

Er ist groß, hat breite Schultern, starke Arme und große Hände. Seine Gesichtshaut ist braun gebrannt und von der Sonne gezeichnet.

avere *(haben)*

io ho	noi abbiamo
tu hai	voi avete
lui / lei / Lei ha	loro hanno

Stefano e il signor Savini **1.** ____________ in un bel ristorante. Stefano **2.** ____________ in questo ristorante perché **3.** ____________ sicuro che in un posto così rilassante trova l'ispirazione. E il signor Savini, lui, perché **4.** ____________ lì? E perché **5.** ____________ la pelle del viso abbronzata?

4. C'è — ci sono

Venezia, che bella città! Ja, was für eine schöne Stadt! Und es gibt auch viel zu sehen. Einiges können Sie gleich selbst aufzählen, indem Sie im Folgenden die Ausdrücke *c'è* und *ci sono* ergänzen. *C'è* nehmen Sie bei Substantiven im Singular, *ci sono* bei Substantiven im Plural. Ordnen Sie dann den Bildern die passenden Sätze zu.

1

2

3

4

5

6

___ **A** __________ il Canal Grande.

___ **B** __________ le gondole.

___ **C** __________ il Ponte dei Sospiri.

___ **E** __________ tanti turisti.

___ **D** __________ Piazza San Marco.

___ **F** __________ delle bellissime maschere.

5. Charaktereigenschaften

In der Erzählung werden einige Charaktereigenschaften der beiden Männer genannt. Finden Sie im Text die italienischen Wörter, die zu den folgenden Übersetzungen passen.

1. sicher ______________________

2. freundlich, höflich ______________________

3. höflich, wohlerzogen ______________________

4. unentschlossen ______________________

6. Mehr Charaktereigenschaften

Wiederholen Sie nun weitere Charaktereigenschaften, indem Sie den positiven Eigenschaften das jeweils passende Gegenteil zuordnen. Einige klingen im Übrigen ähnlich wie im Deutschen.

positive Eigenschaften	negative Eigenschaften
1. simpatico	● **A** introverso
2. aperto	● **B** insicuro
3. estroverso	● **C** disordinato
4. sensibile	● **D** impaziente
5. ordinato	● **E** chiuso
6. paziente	● **F** maleducato
7. sicuro	● **G** antipatico
8. educato	● **H** indeciso
9. deciso	● **I** insensibile

**Was werden die beiden Männer sich wohl zu sagen haben?
Und wird Stefano mehr über den interessanten älteren Herrn erfahren?**

Il tavolo è nella parte *posteriore* della terrazza del ristorante, in una posizione tranquilla e quasi isolata. La vista sul Canal Grande non è molto buona, ma sotto di loro passa un rio che porta al Canal Grande.

posteriore – *hinterer*

Il cameriere arriva e porta al Signor Savini un piatto di pasta. "Grazie, Mattia. E vorrei un altro spritz. Per Lei, Stefano?"

"Lo stesso."

Il cameriere va via e Stefano indica il piatto. "Prego, mangi pure, non voglio *disturbare* il suo pranzo."

disturbare – *stören*

"Ah, no, è un'insalata di linguine, un piatto che *va servito* freddo," dice il Signor Savini con un sorriso. "Mi dica, Stefano, di dov'è?"

va servito – *muss serviert werden*

"Di Torino. Sono a Venezia per una breve vacanza."

"Davvero? Quando ho visto la sua agenda, ho pensato a un *uomo d'affari* in viaggio di lavoro."

l'uomo d'affari – *Geschäftsmann*

"Oh, no. Questo è solo per i miei *appunti*."

gli appunti – *Notizen, Aufzeichnungen*

"I suoi appunti?"

"Sì, sono uno scrittore. Sto usando questa vacanza per cercare idee per il mio prossimo romanzo."

"Davvero? Allora è venuto nel posto giusto. Venezia è molto stimolante da questo *punto di vista*."

il punto di vista – *Gesichtspunkt*

"Sì, sono d'accordo, è una città stupenda."

"Sì, bellissima, ma soprattutto è una città di grandi tragedie."

Gli spritz arrivano e Stefano nota che il signor Savini guarda il suo orologio e poi il rio.

"Ha vissuto qui tutta la sua vita, Signor Savini?" chiede.

"Non proprio, ma… Vede quel palazzo di fronte? Vede quelle due finestre? Io sono nato là, in un piccolo appartamento."

oltre - *jenseits*

il livello dell'acqua - *Wasserstand*

Stefano guarda *oltre* il corso d'acqua e osserva le finestre di un appartamento proprio sopra *il livello dell'acqua*, nel palazzo all'angolo tra il rio e il Canal Grande.

Dietro una finestra vede un'anziana signora elegante. "E quella è sua moglie, Signor Savini?" chiede, ma quando si gira verso l'uomo, vede che il signor Savini non sorride più.

il sorso - *Schluck*

"No, quella è la moglie di mio fratello." E il veneziano beve un lungo *sorso* del suo spritz e controlla ancora una volta l'ora. "Mi dica, Stefano. Ha voglia di ascoltare una delle storie tragiche di questa città?"

"Certo, con grande piacere!"

7. Fare conoscenza

Was wissen Sie nun über die beiden Männer? Kreuzen Sie an, ob folgende Aussagen richtig oder falsch sind. Mehrere Aussagen können richtig sein.

1. Il signor Savini mangia...
- ❍ **A** una pizza.
- ❍ **B** un piatto di pasta. (angekreuzt)
- ❍ **C** carne con verdure.

2. Stefano prende...
- ❍ **A** un vino.
- ❍ **B** una birra.
- ❍ **C** uno spritz. (angekreuzt)

3. Stefano...
- ❍ **A** è un uomo d'affari.
- ❍ **B** è di Torino. (angekreuzt)
- ❍ **C** cerca idee per il suo romanzo. (angekreuzt)

4. Il signor Savini...
- ❍ **A** è nato a Venezia. (angekreuzt)
- ❍ **B** ha sempre vissuto a Venezia. (angekreuzt)
- ❍ **C** è il marito della signora anziana dietro la finestra.

8. Il menu

Hier geht es um die Hauptbegriffe einer italienischen Speisekarte. Bringen Sie die folgenden Begriffe in die richtige Reihenfolge.

A Primi piatti

B Contorni

C Antipasti

D Dessert

E Secondi piatti

Richtige Reihenfolge: C, A, E, B, D

9. Piatti italiani

Sie kennen bestimmt einige italienische Gerichte. Können Sie diese auf einer italienischen Speisekarte richtig einordnen? Testen Sie es, indem Sie die folgenden Speisen beim korrekten Begriff eintragen.

tiramisù • minestrone • patate al forno • caprese • scaloppine al marsala • verdure grigliate • insalata mista • grigliata mista di pesce • gnocchi al pomodoro • macedonia di frutta • bistecca alla fiorentina • risotto con funghi porcini • insalata di mare • prosciutto e melone • torta di mele

1. Antipasti: ______________________________

____

2. Primi piatti: ______________________________

____

3. Secondi piatti: ______________________________

____

4. Contorni: ______________________________

____

5. Dessert: ______________________________

____

Als kleine Eselsbrücke könnten Sie sich Folgendes merken: Zu den **primi piatti**, kurz auch **primi** genannt, gehören Nudel- und Reisgerichte sowie Suppen. Fleisch- und Fischgerichte hingegen gehören zu den **secondi**. **Il contorno**, also die *Beilage*, wird nicht automatisch zum Hauptgericht serviert, sondern muss gesondert bestellt werden.

10. Che cosa prende?

Stefano kommt ja später dazu und bestellt einfach *lo stesso (das Gleiche)*. Wie könnte eine richtige Bestellung im Restaurant aussehen? Bringen Sie die folgenden Sätze in die richtige Reihenfolge.

A Benissimo. E di primo che cosa prende?

B Un quartino di rosso della casa e una bottiglia di acqua minerale naturale.

C Prego, che cosa prende? Desidera un aperitivo?

D Non prendo il primo. Prendo solo il secondo: una bistecca ai ferri e le patate arrosto come contorno. gegrillt

E Piccola, per favore.

F No, no, niente aperitivo. Però prendo un antipasto: l'insalata di mare.

G Benissimo.

H Bene. E da bere?

I Grande o piccola?

Richtige Reihenfolge: C, F, H, B, I, A, G, D

Wenn es ums Zahlen geht, verlangen Sie folgendermaßen nach der Rechnung: **Il conto per favore.** Oder auch: **Mi fa il conto, per favore?**, was wörtlich *Machen Sie mir die Rechnung, bitte?* heißt. In zahlreichen Restaurants können Sie auch einfach direkt an der Kasse bezahlen. **La mancia** das *Trinkgeld* lassen Sie, wenn Sie gehen, einfach auf dem Tisch liegen.

11. Nach der Herkunft fragen

Herr Savini fragt Stefano nach seiner Herkunft. Was fragt er? Und wie lautet Stefanos Antwort? Suchen Sie im Text die beiden Sätze.

Frage: ______________________________

Antwort: ______________________________

Die Herkunft gibt man mit dem Verb **essere**, der Präposition **di** und der Stadt an:
Sono / Siamo di Roma. *Ich bin / Wir sind aus Rom.*

Jetzt sind Sie dran! Geben Sie mithilfe der Angaben die Herkunft der Leute an. Benutzen Sie dabei die jeweils passende Form von *essere*.

1. Claudia __________ Lucerna.

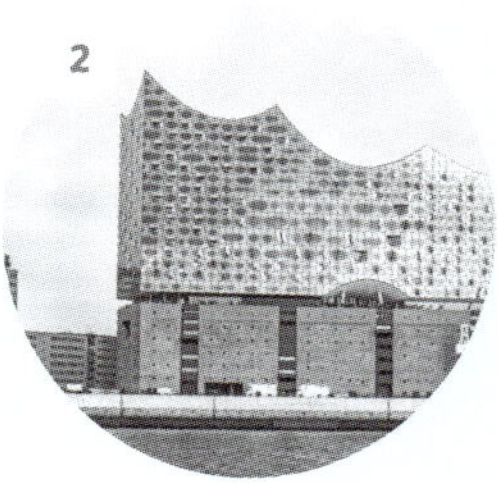

2. Io __________ Amburgo.

3. Hans e Ruth __________ Berna.

4. Noi __________ Vienna.

12. Nationalitätsadjektive

Spricht man von Herkunft, ist auch die Nationalität wichtig. Im Italienischen gibt man sie mit einem Adjektiv an. Nationalitätsadjektive sind z. B. *svizzero Schweizer* oder *italiano Italiener*. Wiederholen Sie nun einige dieser Adjektive, indem Sie ihnen die Sehenswürdigkeiten zuordnen.

1

2

3

4

5

6

3 **A** spagnolo

4 **B** inglese

6 **C** danese

2 **D** francese

1 **E** americano

5 **F** tedesco

Die Nationalität gibt man mit dem Verb **essere** und dem Nationalitätsadjektiv an: **Stefano è italiano.** *Stefano ist Italiener.* **Carla è italiana.** *Carla ist Italienerin.* **Jean è francese.** *Jean ist Franzose.* **Marie è francese.** *Marie ist Französin.*

Um die Nationalität mit der Herkunft zu verbinden, sagen Sie: **Sono austriaco / austriaca di Vienna.** *Ich bin Österreicher / Österreicherin aus Wien.*

13. Per essere gentile

Die Kommunikation zwischen Stefano und Herr Savini verläuft in einem sehr höflichen Ton.

Auch die folgenden höflichen Wörter und Wendungen kommen in der Geschichte vor. Ordnen Sie diese ihrer deutschen Entsprechung zu.

"Mi dica, Stefano. Ha voglia di ascoltare una delle storie tragiche di questa città?"
"Certo, con grande piacere!"

„Sagen Sie mal, Stefano, haben Sie Lust, eine der tragischen Geschichten dieser Stadt zu hören?"
„Sicher, mit großem Vergnügen."

1. Grazie mille.	___	**A** Bitte sehr ...
2. Molto gentile.	___	**B** Entschuldigen Sie?
3. Accetto volentieri.	___	**C** Freut mich, ich bin ...
4. Piacere, io sono ...	___	**D** Vielen Dank.
5. Prego...	___	**E** Ich nehme es gerne an.
6. Scusi?	___	**F** Sehr freundlich.

Prego benutzt man in zwei Situationen:
als Antwort auf **grazie** *danke* und als höfliche Aufforderung:
Prego, si accomodi!
Bitte sehr, setzen Sie sich!
Wenn Sie hingegen höflich um etwas bitten,
dann verwenden Sie **per favore** oder **per piacere:**
Mi presti il tuo cellulare, per favore?
Leihst du mir dein Handy, bitte?

20.01.22

Sind Sie auch auf Herrn Savinis Geschichte gespannt? Immerhin soll es sich um eine tragische Geschichte handeln, die in Venedig spielt.

Il signor Savini sorride, ma Stefano nota qualcosa di strano nella sua espressione.

"Allora, c'è un gondoliere che ha due figli belli e forti. Da adulti anche loro fanno i gondolieri. La famiglia vive felice e in pace. I fratelli si dividono la gondola, i clienti e i soldi che guadagnano. Abitano insieme nella casa di famiglia sul Canal Grande. *Entrambi* sono forti e *coraggiosi*. Il fratello più grande sa parlare bene e racconta ai suoi clienti le storie della città. Il fratello più piccolo ha una bellissima voce e canta per i clienti.

entrambi – *beide*
coraggioso – *mutig*

Così, tutto va bene per molti anni, ma un giorno *il fratello maggiore* si innamora di una veneziana. Le chiede di sposarlo, e lei risponde di sì. Ma il gondoliere non sa che anche suo fratello è innamorato di questa donna, e che la ama così tanto che è pronto a fare qualsiasi cosa per averla.

il fratello maggiore – *der ältere Bruder*

Il signor Savini si ferma, guarda la donna alla finestra della casa, poi beve un altro lungo sorso.

"Una notte," continua, "mentre il fratello maggiore sta ritornando a casa in gondola, succede un terribile *incidente*. È buio e il gondoliere non vede un sottile *filo metallico* teso sopra l'acqua che va da un lato all'altro del rio. Il filo prende il gondoliere alla gola. Il gondoliere cade dalla gondola e finisce nell'acqua scura di Venezia."

l'incidente – *Unfall*
il filo metallico – *Metalldraht*

"E *annega*?" chiede Stefano, che sta scrivendo velocemente la storia sull'agenda.

annegare – *ertrinken*

"Annega? No. È un vero veneziano. I veri veneziani non annegano. Ma è *ferito* in modo grave. Per molte settimane rimane a letto, con un'orribile ferita sul collo. Una ferita così brutta che la donna

ferito – *verletzt*

il coraggio
- Mut

ripugnante
- abstoßend

che ama non ha il *coraggio* di andarlo a trovare. Non lo vuole più vedere. Lei vuole sposare un gondoliere forte e affascinante, non un uomo debole e *ripugnante*."

Il signor Savini controlla l'ora ancora una volta.

"Così sposa il fratello minore?"

"Sì, Stefano, esatto. Il gondoliere è un uomo finito. Sa che è stato suo fratello a mettere il filo sul rio, ma nessuno gli crede. I rapporti con suo padre e con la famiglia diventano sempre più difficili. Una sera lo mandano via di casa e gli dicono di non tornare mai più. Il giorno del matrimonio del fratello lui è in chiesa, *nascosto*, a guardare la cerimonia... poi *scompare*." ▶▷▶

nascosto
- versteckt

scomparire
- verschwinden

14. Due fratelli

Ganz schön fies, was der jüngere dem älteren Bruder angetan hat! Bringen Sie die folgenden Sätze in die richtige Reihenfolge.

A La veneziana dice di sì.

B Una notte succede un terribile incidente al fratello maggiore.

C Anche il fratello minore è innamorato di questa donna.

D Ci sono due fratelli che fanno i gondolieri.

E La veneziana sposa il fratello minore.

F Un giorno il fratello maggiore s'innamora di una veneziana e le chiede di sposarlo.

G Il fratello maggiore va alla cerimonia del matrimonio e poi scompare.

H Il fratello maggiore non annega, ma ha una ferita molto brutta al collo.

I I due fratelli abitano insieme e tutto va bene per molti anni.

Richtige Reihenfolge: D, I, F, C, A, B, H, E, G

15. Die Angleichung der Adjektive

Adjektive richten sich im Italienischen in Geschlecht und Zahl nach dem Substantiv, das sie beschreiben. Kreuzen Sie an, ob das Adjektiv in diesen Wendungen männlich oder weiblich, im Singular oder Plural ist.

	M	W	SG	PL
1. il fratello è innamorato	X	○	X	○
2. il fratello maggiore	X	○	X	○
3. due figli belli	X	○	○	X
4. un'orribile ferita	○	X	X	○

16. Per esercitare gli aggettivi

Bei Adjektiven, die in der männlichen Form auf **-o** enden wie **scuro** *dunkel* wird in der weiblichen Form das **-o** zu **-a**: **nell'acqua scura** *im dunklen Wasser*. Adjektive, die auf **-e** enden, haben in der männlichen und weiblichen Form die gleiche Endung, z. B. **un'orribile ferita** *eine schreckliche Wunde*.

Männliche Adjektive auf **-o** enden im Plural auf **-i**, z. B. **due figli belli** *zwei schöne Söhne*, weibliche Adjektive hingegen enden auf **-e**: **due figlie belle** *zwei schöne Töchter*.

Adjektive auf **-e** bilden den Plural auf **-i**, sowohl bei männlichen als auch bei weiblichen Substantiven:

I gondolieri sono forti. *Die Gondolieri sind stark.*

Le ferite sono ripugnanti. *Die Wunden sind abstoßend.*

Vervollständigen Sie nun die Sätze mit der jeweils passenden Form der angegebenen Adjektive.

1. I tavoli sono tutti ______________________. *(occupato)*

2. Il Signor Savini ha una voce ______________________. *(basso)*

3. Il piatto di linguine è molto ______________________. *(buono)*

4. A Venezia succedono ______________________ tragedie. *(grande)*

5. I due fratelli sono ______________________. *(felice)*

6. I gondolieri hanno le spalle ______________________. *(robusto)*

7. Venezia è una città ______________________. *(stupendo)*

8. Il signor Savini beve un ______________________ sorso. *(lungo)*

Das Verhältnis zur Familie des jungen Gondoliere ist zerrüttet. Ob die Geschichte doch noch ein gutes Ende nehmen wird?

"*Poveretto*." dice Stefano, lasciando la penna. "Questa è davvero una storia tragica."

il poveretto – *armer Kerl*

Allora il signore sorride. "Ma, Stefano, questa non è la fine della storia. Vede, Le ho detto che i veri veneziani non annegano mai. Mentre esce dalla chiesa, l'uomo fa un *giuramento*. Giura di ritornare per *vendicarsi* di suo fratello. E così viaggia per tutto il mondo, fa ogni tipo di lavoro. Quando ha guadagnato abbastanza soldi per comprare una sua gondola, ritorna finalmente nella sua città. È molto cambiato, ma non ha dimenticato il suo giuramento. Vede suo fratello quasi ogni giorno, ma non si fa riconoscere. Poi un giorno capisce che è arrivato il momento. Vede… come questa insalata di linguine, lui sa che la vendetta è un piatto che va servito freddo."

il giuramento – *Schwur*
vendicarsi – *sich rächen*

Stefano prende in mano la penna e ricomincia a scrivere. "E che cosa fa? *Picchia* il fratello?"

picchiare – *verprügeln*

"Picchiare il fratello?" Il signor Savini fa una strana risata. "No, vuole *farlo soffrire* nello stesso modo, proprio come ha sofferto lui. Così, durante la notte, lega un filo di metallo da una parte all'altra di un rio e poi lascia il filo nell'acqua. Il giorno dopo trova un posto vicino dove sedersi e di nascosto tende il filo di ferro fuori dall'acqua. E poi aspetta."

fare soffrire – *leiden lassen*

"Ho capito," dice Stefano, ma poi comincia a provare una strana *sensazione*. Lentamente alza gli occhi e guarda l'uomo seduto

la sensazione – *Gefühl*

di fronte a lui. L'anziano signore, alto, forte. L'uomo con le spalle larghe e la pelle abbronzata e segnata dal sole.

Poi guarda il foulard che copre il collo dell'uomo e improvvisamente sente freddo.

Sta per dire qualcosa, quando sente il suono di una bella voce profonda che canta nel sole del pomeriggio. Nell'appartamento dall'altra parte del rio Stefano vede la signora anziana sorridere e aprire la finestra, mentre con gli occhi cerca qualcosa che si avvicina nell'acqua scura.

scivolare – *gleiten*

"Signor Savini…" Stefano lo chiama mentre si alza in piedi per vedere meglio l'elegante gondola nera che *scivola* veloce e tranquilla sull'acqua. "Signor Savini!" Stefano quasi grida, gli occhi cercano qualcosa nello spazio tra i due palazzi.

Cercano qualcosa di sottile e di metallico.

Ma l'anziano signore non risponde, non guarda nemmeno. Semplicemente porta alla bocca la forchetta con le linguine e comincia a mangiare.

"Sì," dice, con la bocca piena, "è vero, è proprio un piatto che va servito freddo."

Ma Stefano non lo sente, perché proprio in quel momento si sente un grido terribile, e poi il rumore di qualcosa di pesante che cade nell'acqua scura di Venezia. ■

La vendetta è un piatto che va servito freddo. *Rache ist ein Gericht, das kalt werden muss.* Dieses Sprichwort wird in Literatur und Film häufig zitiert, z. B. in der Pate oder Star Trek, und bedeutet, dass die Vergeltung mit kühlem Kopf und überlegt ausgeübt wird. In der Geschichte wird sowohl das Gericht **insalata di linguine** als auch die Rache kalt gegessen …

17. Che vendetta!

Was für eine Rache! Kreuzen Sie an, ob die folgenden Aussagen richtig oder falsch sind.

		VERO	FALSO
1.	Il fratello maggiore torna a Venezia perché non ha più soldi.	○	X
2.	Il fratello minore non riconosce suo fratello.	X	○
3.	Un giorno il fratello maggiore picchia il fratello minore.	○	X
4.	Il signor Savini è il fratello maggiore.	X	○
5.	Quando Stefano capisce la situazione, è troppo tardi.	X	○

18. Die Formen des bestimmten Artikels

Im Italienischen hat der bestimmte Artikel sieben Formen. Sie lauten *il, lo, l', la* im Singular und *i, gli, le* im Plural. Ergänzen Sie in folgender Tabelle die fehlenden Artikel. Der Text hilft Ihnen dabei.

	Singular	**Plural**
männlich	**1.** ______ signore	i fratelli
	2. ______ uomo	**3.** ______ occhi / spritz
	lo spritz	
weiblich	**4.** ______ fine	**5.** ______ spalle / insalate
	l'insalata	

19. Per esercitare gli articoli

Die Form des bestimmten Artikels ist abhängig von Geschlecht und Zahl des zugehörigen Substantivs sowie von dessen Anlaut. Dabei wird bei männlichen Substantiven im Singular unterschieden, ob das Substantiv mit einem Konsonanten (> **il**), einem Vokal (> **l'**) oder den Anlauten **s + Konsonant, z, gn, y** oder **ps** (> **lo**) beginnt.
Im Plural gibt es nur zwei verschiedene Formen: **gli** vor männlichen Substantiven, die mit Vokal oder den Anlauten **s + Konsonant, z, gn, y** und **ps** beginnen, vor allen anderen männlichen Substantiven steht **i**.
Bei weiblichen Substantiven wird nur im Singular unterschieden, ob der Anlaut ein Vokal (> **l'**) oder ein Konsonant (> **la**) ist. Im Plural lautet der Artikel immer **le**.

Setzen Sie nun im Text die angegebenen Formen des bestimmten Artikels ein.

1. ________ signor Savini racconta **2.** ________ storia di due fratelli. **3.** ________ due sono gondolieri e un giorno s'innamorano della stessa donna. **4.** ________ donna decide di sposare **5.** ________ fratello maggiore. Per impedire **6.** ________ matrimonio **7.** ________ fratello minore tende un filo metallico sopra **8.** ________ acqua e ferisce gravemente suo fratello. **9.** ________ ferita è così brutta che **10.** ________ bella veneziana non lo vuole più vedere e sposa **11.** ________ fratello minore. **12.** ________ anni passano e arriva **13.** ________ giorno della vendetta...

Steht vor dem Substantiv ein Adjektiv, so ist der Anlaut des Adjektivs ausschlaggebend: **il fratello > l'altro fratello** *der andere Bruder,* **gli occhi > i grandi occhi** *die großen Augen,* **l' idea > la buona idea** *die gute Idee.*

2. La nonna si sposa

In Puglia la domenica si pranza in famiglia. Tutti insieme, seduti intorno a una lunga tavola **apparecchiata**. Ci riuniamo in casa della nonna che vive da sola da quando è rimasta vedova. D'estate, invece, passiamo tutta la domenica al mare e il tavolo lo apparecchiamo sulla spiaggia, sotto gli ombrelloni. Tutta la mia famiglia vive a Lecce. In estate tutto è più divertente a cominciare dalla partenza. Ci vediamo tutti davanti alla casa della nonna. La nonna ha tre figli: papà, lo zio Salvo e la zia Ninetta, che fra qualche mese si sposa con Luca. La nonna non cammina più bene, è sempre vestita di nero e indossa le calze anche ad agosto. È un po' complicato farle fare le scale per uscire di casa. Vive al secondo piano. Così papà e lo zio Salvo hanno inventato un modo. La fanno sedere sopra una sedia, la **legano** e la **tirano giu** dal balcone. La nonna **si spaventa** un po' durante questa operazione. Alcune volte **urla**.

Anche la mamma, la zia Ninetta e la zia Carmela si spaventano. E urlano quando la nonna urla, ma papà e lo zio **ridono un sacco**. Anch'io rido. Poi la nonna si accomoda sul sedile davanti alla nostra macchina: una vecchia Fiat modello 127, verde pisello. Il papà e lo zio legano poi la sedia sopra **il tettuccio** della nostra macchina. Lo zio Salvo non vuole legare la sedia sul tettuccio della sua macchina. Ha paura che **si graffi** la vernice metallizzata della sua Mercedes. Lo zio Salvo è simpatico, ha la barba, è molto alto e ride sempre. Lo zio Salvo è sposato con la zia Carmela che

apparecchiato – *gedeckt*

legare – *binden*
tirare giù – *herunterziehen*
spaventarsi – *erschrecken*
urlare – *schreien*
ridere un sacco – *viel lachen*

il tettuccio – *das kleine Dach*

graffiarsi – *verkratzt werden*

all'insù
- *hochgekämmt*

il pallone
- *Fußball*

tentare
- *versuchen*
uccidere
- *umbringen*
appendersi a qc
- *sich an etw. festhalten*
la gara
- *Wettkampf*
sdraiarsi
- *sich hinlegen*
cacciare
- *drücken*
la sabbia
- *Sand*
la guancia
- *Backe*
arrabbiato
- *wütend*

porta i capelli corti come un maschio, tutti ***all'insù***, e ha due figli: Federico e Daniele. Io viaggio in macchina con loro quando andiamo al mare. Federico ed io giochiamo tutto il giorno con ***il pallone***. Daniele ha tre anni e non riesce a giocare con noi. Federico ha sette anni, come me, ma è molto più forte e alto.

Domenica scorsa ***ha tentato*** di ***uccidermi***. Stavamo in acqua ***appesi*** a un materassino rosso. Facevamo una ***gara***: vinceva chi riusciva a ***sdraiarsi*** sul materassino. Per vincere, Federico ha messo una mano sopra la mia testa e mi ***ha cacciato*** sott'acqua. Io non ricordo molto altro. Ricordo solo che quando mi sono risvegliato ero disteso sulla ***sabbia***. Avevo un sacco di persone intorno e Federico si teneva una ***guancia*** con una mano e con l'altra cercava di stare lontano dallo zio Salvo, che era molto ***arrabbiato***. ▶▷▶

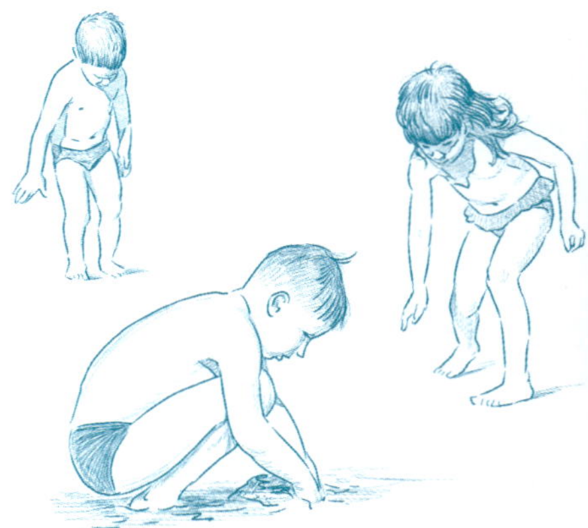

1. Il pranzo della domenica

Haben Sie grob verstanden, was der *narratore, der Erzähler*, über seine Familie berichtet? Dann beantworten Sie die Fragen. Es können mehrere Antworten richtig sein.

1. Che cosa fa la famiglia in estate?

- ○ **A** Va a Lecce tutte le domeniche.
- ○ **B** La domenica pranza in casa della nonna.
- ○ **C** La domenica va al mare.

2. Chi è Salvo?

- ○ **A** Lo zio del narratore.
- ○ **B** Il fratello della zia Carmela.
- ○ **C** Il padre di Federico e Daniele.

3. La nonna...

- ○ **A** non cammina più bene.
- ○ **B** si sposa con Luca.
- ○ **C** scende dal secondo piano su una sedia.

4. Federico...

- ○ **A** ha tre anni.
- ○ **B** gioca con il narratore.
- ○ **C** uccide quasi il narratore.

2. La famiglia

Wiederholen Sie nun einige Verwandtschaftsnamen, indem Sie im Text die fehlenden italienischen Bezeichnungen suchen.

1. der Papa il papa

2. der Onkel lo zio

3. der Großvater il nonno

4. die Mama la mamma

5. die Tante la zia

6. die Großmutter la nonna

3. Ancora la famiglia

Das waren nur einige Bezeichnungen. Können Sie die folgenden italienischen Familienbezeichnung der deutschen Übersetzung zuordnen?

il figlio • il nipote (2x) • il cognato • il cugino • il fratello • il suocero • il padre • il genero

1. der Vater il padre

2. der Sohn

3. der Cousin cugino

4. der Schwager cognato

5. der Bruder

6. der Neffe nipote

7. der Enkel nipote

8. der Schwiegersohn genero

9. der Schwiegervater suocero

Apropos Familie und Familienbande. Ein vielsagendes italienisches Sprichwort setzt Brüder mit Messern und Verwandte mit Schlangen gleich: **Fratelli coltelli, parenti serpenti.** Die lieben Verwandten ...

4. Le donne in famiglia

Wiederholen Sie nun auch die weiblichen Verwandtschaftsbezeichnungen, indem Sie ihnen die entsprechenden männlichen zuordnen.

1. la madre ____________________

2. la figlia ____________________

3. la cognata ____________________

4. la sorella ____________________

5. la nipote ____________________

6. la cugina ____________________

7. la suocera mother-in-law

8. la nuora il genero

daughter-in-law

Die weiblichen Verwandtschaftsbezeichnungen können Sie in der Regel von den männlichen ableiten, indem Sie anstelle der Endung **-o** ein **-a** setzen. Bei den Wörtern auf **-e** ändert sich lediglich der Artikel. In einigen Fällen lässt sich jedoch der weibliche Begriff nicht vom männlichen herleiten.

Um über Ihre Familie sprechen zu können, brauchen Sie auch die folgenden Sammelbegriffe: **i genitori** *die Eltern*, **i figli** *die Kinder*, **i fratelli** *die Geschwister*, **i nonni** *die Großeltern* und **i suoceri** *die Schwiegereltern*.

5. L'età

Wie alt sind Federico und Daniele, die Cousins des Erzählers? Suchen Sie die Stelle im Text und übersetzen Sie den folgenden Satz.

Er ist sieben Jahre alt. ______________________________

Das Alter wird im Italienischen mit dem Verb **avere** + Zahl + **anni** ausgedrückt. Wenn Sie jemanden nach seinem Alter fragen wollen, sagen Sie: **Quanti anni hai?** oder **Quanti anni ha?**, wenn Sie jemanden siezen.

In diesem Zusammenhang können Sie die Zahlen bis 20 wiederholen. Ordnen Sie die Zahlwörter den Bildern zu.

5 **A** cinque

1 **B** diciassette

8 **C** quindici

7 **D** quattro

3 **E** tre

6 **F** sedici

4 **G** undici

2 **H** otto

6. Da 20 a 100

Konnten Sie sich an die Zahlen bis 20 erinnern? Erkennen Sie auch, aus welchen acht Zahlwörtern zwischen 20 und 100 die Schlange zusammengesetzt ist? Schreiben Sie diese neben der entsprechenden Ziffer auf.

trentacinquantottoventiseiquarantatrésettantunonovantasessantacinqueottantanove

1. 26 __________

2. 30 __________

3. 43 __________

4. 58 __________

5. 65 __________

6. 71 __________

7. 89 __________

8. 90 novanta

Verwechseln Sie nicht **sessanta** (60) mit **settanta** (70). Denken Sie einfach daran, dass **settanta** mit **sette** (7) zusammenhängt. Vergessen Sie außerdem nicht, dass vor **uno** und **otto** der Endvokal der Zehnerzahl wegfällt: **venti** > **ventuno, ventotto, trenta** > **trentuno, trentotto.**

7. I giorni della settimana

In dieser Geschichte kommt nur ein Wochentag vor: *la domenica*. Wie lauten aber die restlichen Wochentage? Setzen Sie die Silben richtig zusammen.

1. Montag: dì - ne - lu ____________________

2. Dienstag: te - dì - mar ____________________

3. Mittwoch: le - mer - dì - co ____________________

4. Donnerstag: ve - dì - gio ____________________

5. Freitag: dì - ve - ner ____________________

6. Samstag: ba - to - sa ____________________

Wann sagt man **la domenica**, wann hingegen nur **domenica**? Lesen Sie die entsprechenden Zitate aus der Geschichte.

In Puglia la domenica si pranza in famiglia.

In Apulien isst man sonntags im Familienkreis zu Mittag.

Domenica scorsa ha tentato di uccidermi.

Letzten Sonntag hat er versucht, mich umzubringen.

Eigentlich ist es ganz einfach. Man benutzt den bestimmten Artikel beim Wochentag, wenn die regelmäßige Wiederkehr gemeint ist: **il sabato** *samstags*, **il lunedì** *montags*, **il giovedì** *donnerstags*. Ansonsten steht bei den Wochentagen kein bestimmter Artikel: **sabato scorso** *letzten Samstag*, **lunedì (prossimo)** *am Montag (nächsten Montag)*.

Zum Glück ging der „Mordanschlag" auf den Erzähler noch glimpflich aus. Federico hat sich allerdings dafür eine Ohrfeige eingehandelt ... Lesen Sie, wie es mit der Geschichte weitergeht.

does not have a car
or does not have the car

La zia Ninetta invece non ha la macchina. Al mare ci va con la vespa di Luca, il suo fidanzato. Si sposano fra qualche mese. Lei sembra molto contenta di questa cosa e con mamma, la zia e la nonna parlano sempre del matrimonio. Luca è stato **assunto** da poco in un ufficio pubblico. La zia Ninetta è molto bella, ha i capelli lunghi neri e lisci. In spiaggia gli uomini la guardano sempre. La zia Carmela e la mamma dicono che dovrebbe mettere un costume meno **vistoso**. Federico ed io osserviamo Luca. Sembra molto grande, quasi dell'età di papà e dello zio Salvo. Per noi la cosa più divertente era la spiaggia. Si trova a pochi chilometri da Lecce, il posto si chiama Torre Chianca. Quando arriviamo al parcheggio, tiriamo tutto fuori dal **portabagagli**: ceste, ombrelloni, sdraio, palloni, le bibite, la roba da mangiare e anche le borse con il ghiaccio. Tiriamo giù la sedia della nonna dalla macchina. E poi papà e lo zio Salvo fanno sedere la nonna sulla sedia e la sollevano fino alla spiaggia. Papà **suda** molto durante questo **tragitto**. Papà non è alto e ha una pancia rotonda. La mamma gli ripete sempre che non deve **sforzarsi**. Una volta papà è **inciampato**. La sedia è caduta e la nonna è finita con la testa in mezzo alla sabbia. Federico rideva e anche a me veniva da ridere. Poi sulla spiaggia piantiamo gli ombrelloni per fare **ombra** e far sedere la nonna con la sua sedia. Poi mettiamo l'acqua e le birre dentro dei **catini** pieni di ghiaccio. E sopra i catini la frutta. Per le cose calde come la pasta non c'è bisogno di fare nulla. Siamo tra i primi ad arrivare in spiaggia. E la nostra zona sembra un **accampamento indiano**. Poi

assumere qu – *jmd. einstellen*
vistoso – *auffällig*
il portabagagli – *Kofferraum*
sudare – *schwitzen*
il tragitto – *Strecke*
sforzarsi – *sich anstrengen*
inciampare – *stolpern*
l'ombra – *Schatten*
il catino – *Schüssel*
l'accampamento indiano – *Indianerlager*

noi siamo liberi di correre verso il mare e giocare a calcio. La nonna, invece, rimane seduta sulla sua sedia, vestita come tutti i giorni. **A turno** la mamma e le zie le **fanno compagnia** e cercano di farle fresco con un **ventaglio**. In macchina lo zio Salvo dice spesso che ha paura per la nonna. Dice così: "Per lei fa troppo caldo, e poi è sempre vestita di nero. Un giorno o l'altro **ci rimane**." Federico ed io non capiamo bene cosa vuol dire. Pensiamo che la nonna voglia rimanere da sola al mare, senza di noi, con qualche suo amico. La domenica, stiamo tutta la giornata in spiaggia, dalle 9 del mattino alle 8 di sera. Facciamo un sacco di cose: mangiamo, beviamo, nuotiamo, **peschiamo** e tiriamo **pallonate**. Oggi però è successa una cosa. ▶▷▶

a turno *- abwechselnd*
fare compagnia a qu *- jdm. Gesellschaft leisten*
il ventaglio *- Fächer*
rimanerci *- dabei draufgehen*
pescare *- fischen*
la pallonata *- Schuss mit dem Ball*

8. La zia ninetta, la nonna e la spiaggia

Wir haben also mehr über die Familienmitglieder und die sonntäglichen Ausflüge ans Meer erfahren. Haben Sie den Text verstanden? Kreuzen Sie an, ob die Aussagen richtig oder falsch sind.

	VERO	FALSO
1. La zia Ninetta va al mare con la vespa.	☒	❍
2. Luca è un amico della zia Ninetta.	❍	☒
3. La nonna arriva in spiaggia su una sedia.	☒	❍
4. In spiaggia la nonna ha molto caldo.	☒	❍
5. Quando arrivano al parcheggio, i bambini corrono subito in spiaggia a giocare.	❍	☒
6. Quando la famiglia arriva, in spiaggia c'è già molta gente.	❍	☒

9. Das Aussehen

Wie sehen *la zia Ninetta* und der Vater des Erzählers aus? Lesen Sie es hier nochmals nach.

Wiederholen Sie nun einige Wörter zum Thema *Aussehen*, indem Sie den Bildern die entsprechenden Sätze zuordnen.

La zia Ninetta è molto bella, ha i capelli lunghi neri e lisci.

Tante Ninetta ist sehr schön, sie hat lange schwarze, glatte Haare.

Papà non è alto e ha una pancia rotonda.

Papa ist nicht groß und hat einen runden Bauch.

1

2

3

4

5

6

___ **A** Ha la barba.

___ **B** È calvo.

___ **C** Ha i capelli corti.

___ **D** Porta gli occhiali.

___ **E** Ha i baffi.

___ **F** Ha i capelli ricci.

10. Mehr zum Aussehen

Wiederholen Sie nun einige nützliche Adjektive, mit denen Sie Körper, Augen und Haare beschreiben können. Ordnen Sie die Adjektive dem passenden Begriff zu.

corti • castani • robusto • marroni • biondi • magro • azzurri • rossi • ricci • ondulati • alto • verdi • grigi • neri • snello • lunghi • basso

Corpo:

Capelli:

Occhi:

Zu Körpergröße und -umfang gibt es im Italienischen mehrere Redensarten. So wird zum Beispiel eine sehr dünne Person mit einem Nagel verglichen – **essere magro come un chiodo**, bei korpulenten Leuten denken die Italiener an ein Fass – **essere una botte**, und eine Bohnenstange ist im Italienischen eine (Kletter-)Stange – **essere una pertica**.

II. In spiaggia

Wären Sie jetzt auch gerne *in spiaggia, am Strand*? Der Erzähler und seine Familie lassen es sich jedenfalls gut gehen. Die abgebildeten Gegenstände haben übrigens die Helden der Geschichte immer am Strand dabei. Können Sie die passenden Begriff zuordnen?

1

2

3

4

5

6

7

8

7 **A** il catino
5 **B** il materassino
2 **C** l'ombrellone
8 **D** il ventaglio
3 **E** il costume
6 **F** la cesta
4 **G** la sdraio
1 **H** il pallone

Was ist wohl passiert? Ist dieses Mal vielleicht wirklich jemand ums Leben gekommen?

▶▷▶ Federico con una pallonata ha colpito la nonna che stava bevendo una bottiglia di birra. Tutti sono corsi da lei per capire se si era fatta male. Federico ed io siamo **scappati**. Per me questa volta Federico era riuscito ad **ammazzare** qualcuno. **Mi sbagliavo** per fortuna. Da lontano vedevamo la nonna muoversi. Era viva. Tutti le stavano intorno. Nessuno veniva a cercarci. Una cosa strana per una pallonata che non aveva ucciso nessuno. E per un po' di birra versata sulla sabbia. Tutti lo sapevano che la nonna sotto l'ombrellone beveva tre o quattro birre. Federico lo diceva sempre "La nonna si beve tutte le birre", ma tutti hanno sempre **fatto finta di** niente. Questa volta però la pallonata aveva creato qualche altro problema che abbiamo scoperto più tardi. Da dietro **gli scogli**, Federico ed io vedevamo la zia Ninetta **piangere** e il suo fidanzato metterle una mano intorno alle spalle. Ci siamo avvicinati. E abbiamo sentito questa cosa. La nonna ha detto: "Sabato mi sposo." Papà diceva: "Ma quanta birra le avete fatto bere?" Il problema non era la birra. A settantotto anni, la nonna non voleva più stare sola. Le domeniche al mare erano belle, ma non bastavano. A casa parlava spesso con un signore che abitava lì vicino, anche lui viveva da solo. Si volevano sposare per **tenersi un po' di compagnia**. Tutti avevano le facce molto **tese**. Le stesse facce di quando hanno portato il nonno al cimitero. Non parlava più nessuno, anche quando sotto gli ombrelloni la mamma e la zia hanno iniziato ad apparecchiare la tavola con sopra tutte le **teglie** di pasta al forno. Di solito papà e lo zio Salvo a questo punto iniziano a **fare baldoria** e **battute**. Questa volta no. Solo Federico ed io abbiamo **allungato il piatto** per farcelo riempire. Nessuno sembrava avere fame. La zia Ninetta continuava a piangere.

fill

scappare – *fliehen*
ammazzare – *umbringen*
sbagliarsi – *sich irren*
far finta di – *so tun als ob*
lo scoglio – *Klippe*
piangere – *weinen*
tenersi un po' di compagnia – *sich ein bisschen Gesellschaft leisten*
teso – *angespannt*
la teglia – *Ofenform*
fare baldoria – *Quatsch machen*
la battuta – *Scherz*
allungare il piatto – *den Teller hinhalten*

La nonna era l'unica che continuava a parlare. Raccontava delle cose che avevano a che fare con case, **terreni** e conti in banca del suo futuro sposo. Intorno alla tavola tutti la **fissavano** e questa volta le facce non erano più come quelle del giorno del **funerale**. La nonna disse anche che questo signore non aveva figli. Poco dopo papà iniziava a riempirsi il piatto con una **forchettata** grande di pasta al forno. Anche lo zio Salvo iniziava a riempire il suo piatto. E subito dopo versava una piccola bottiglia di birra alla nonna. La zia Ninetta continuava a piangere, ma adesso non la **consolava** più nessuno. Tutti, anche Luca il suo fidanzato, adesso osservavano la nonna e quello che stava dicendo.

La settimana dopo la nonna si sposò in chiesa con Antonio, un signore alto come la nonna, con un **bastone**, tutto elegante e con una margherita bianca nel taschino della giacca. La nonna aveva un vestito blu. La domenica dopo sul tettuccio della nostra Fiat, modello 127, di colore verde pisello, le sedie erano diventate due. ■

il terreno – *Grundstück*
fissare qu – *jmd. anstarren*
il funerale – *Begräbnis*
la forchettata – *eine Gabel (voll)*

consolare – *trösten*

il bastone – *Gehstock*

12. È successa una cosa

Was ist nun also geschehen? Bringen Sie die folgenden Sätze in die richtige Reihenfolge.

A La zia Ninetta piange perché la nonna ha detto che sabato si sposa.

B Federico colpisce la nonna con una pallonata.

C Solo la nonna continua a parlare e racconta dei terreni, delle case e dei conti in banca del futuro sposo.

D Adesso tutti fissano la nonna e le facce non sono più tese.

E Una settimana dopo la nonna si sposa in chiesa.

F Tutti hanno la faccia tesa e non parla più nessuno.

G Federico e il narratore scappano.

Richtige Reihenfolge: ______________________________

Die Großmutter heiratet ganz traditionell in der Kirche, was angesichts ihrer 78 Jahre auch verständlich ist. Die kirchliche Trauung ist allerdings auch in Italien nicht mehr selbstverständlich. Immer mehr junge und auch nicht mehr ganz so junge Leute heiraten nur standesamtlich, also nur **con rito civile**. Ebenso wächst die Zahl derer, die ohne Trauschein zusammenleben. Diese Paare nennt man **coppie di fatto**.

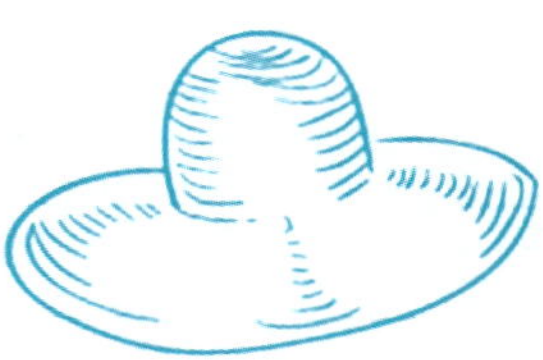

13. Apparecchiare

Die Mutter und die Tante des Erzählers decken unter den Sonnenschirmen den Tisch. Können Sie die Gegenstände, die auf einen gedeckten Tisch gehören, auf Italienisch benennen? Ordnen Sie den Bildern den passenden Begriff zu.

1

2

3

4

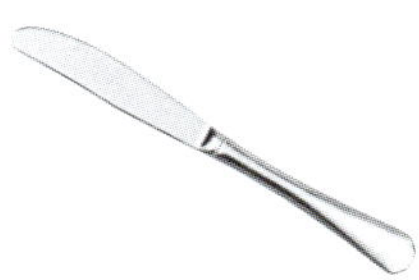

5

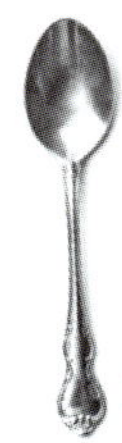

6

5 **A** il coltello

6 **B** il cucchiaio

3 **C** la salvietta

2 **D** il bicchiere

1 **E** il piatto

4 **F** la forchetta

Was auf keinem italienischen Tisch fehlen darf sind: **il pane** *das Brot*, **l'olio** *das Öl*, **l'aceto** *der Essig*, **il sale** *das Salz* und **il pepe** *der Pfeffer*.

14. I colori

Welche Farben kommen im letzten Teil vor? Kreuzen Sie an und ordnen Sie dann den italienischen Begriffen die passende deutsche Übersetzung zu.

❍ **1.** nero
❍ **2.** giallo
❍ **3.** blu
❍ **4.** grigio
❍ **5.** rosso
❍ **6.** azzurro
❍ **7.** rosa
❍ **8.** verde
❍ **9.** marrone
❍ **10.** viola
❍ **11.** arancione
❍ **12.** beige
❍ **13.** bianco

___ **A** weiß
___ **B** rosa
___ **C** grün
___ **D** beige
___ **E** azurblau, himmelblau
___ **F** blau
___ **G** gelb
___ **H** violett
___ **I** schwarz
___ **J** rot
___ **K** braun
___ **L** grau
___ **M** orange

15. Farbadjektive

Wenn die Farben bei einem Substantiv stehen, sind sie Adjektive und gleichen sich diesem in Geschlecht und Zahl an. Unveränderlich sind hingegen die Farbadjektive **beige**, **blu**, **rosa** und **viola**.

... con una margherita bianca nel taschino della giacca. La nonna aveva un vestito blu.

... mit einer weißen Margerite im Täschchen des Sakkos. Die Großmutter hatte ein blaues Kleid an.

Ergänzen Sie nun in den folgenden Sätzen die richtige Form des angegebenen Adjektivs.

1. Gli ombrelloni sono ________________. *(rot)*
2. Il pallone è ________________. *(weiß)*
3. Il costume è ________________. *(violett)*
4. Le salviette sono ________________. *(gelb)*
5. La sedia è ________________. *(braun)*
6. Il ventaglio è ________________. *(grün)*
7. Le calze della nonna sono ________________. *(schwarz)*

Wird ein Farbadjektiv durch ein weiteres Wort näher beschrieben, bleibt es unverändert:
la macchina verde pisello *das erbsengrüne Auto* > **le macchine verde pisello**
il vestito giallo chiaro > *das hellgelbe Kleid* > **i vestiti giallo chiaro**

16. Tutto

Im Text steht *tutto* ab und zu vor dem bestimmten Artikel und dem zugehörigen Substantiv, wie zum Beispiel in diesem Ausschnitt.

Zur Erinnerung: Wenn **tutto** vor einem Substantiv steht, ist es ein Adjektiv und gleicht sich als solches in Geschlecht und Zahl diesem Substantiv an. Je nachdem ob das Substantiv im Singular oder im Plural steht, bedeutet **tutto** *alle, jeder / jede / jedes* oder *ganz*. Der bestimmte Artikel zwischen **tutto** und dem Substantiv darf dabei nicht fehlen: **tutta la famiglia** *die ganze Familie,* **tutti i giorni** *jeden Tag.*

La nonna si beve tutte le birre.

Großmutter trinkt alle Bierflaschen leer.

Vervollständigen Sie nun den Text, indem Sie die passenden Formen von *tutto* einsetzen.

Il narratore e la sua famiglia vanno **1.** ______________ domeniche al mare. Stanno in spiaggia **2.** ______________ giorno. Da casa portano **3.** ______________ necessario per poter passare **4.** ______________ giornata al mare: ceste, ombrelloni, sdraio, le bibite e le cose da mangiare. Alla fine della giornata hanno certamente mangiato **5.** ______________ pasta al forno e bevuto **6.** ______________ bibite.

Tutto kann auch allein stehen und bedeutet dann *alles*: **In estate tutto è più divertente.** *Im Sommer macht alles mehr Spaß*. Im Plural heißt es *alle*: **Tutti le stavano intorno.** *Alle standen um sie herum.*
Tutto kann auch vor einem Adjektiv stehen: **un signore tutto elegante** *ein richtig schicker Herr.* **I bambini sono tutti bagnati.** *Die Kinder sind ganz nass.*

3. SULLA STRADA DI CASA

Gaia esce dalla biblioteca dell'università e saluta **LA GUARDIA** alla porta. Ancora una volta è l'ultima del personale a lasciare il palazzo. Anche se è estate, a quest'ora è già **BUIO** e l'aria è fresca.

Guarda l'orologio. Quasi le 11 e mezza.

Come mai il tempo passa così veloce? Pensa.

Guarda con attenzione il suo viso **RIFLESSO** sulla porta **A VETRI**. Si passa una mano tra i capelli e **SORRIDE**.

Una volta, tanti anni fa, si sentiva **ORDINARIA**, quasi brutta. Oggi, quando si guarda allo specchio, si **SORPRENDE** di essere diventata una donna così attraente.

SCUOTE la testa. Se va sempre a letto così tardi, però, rischia di non restare attraente per molto.

Pensa alla cena. È troppo tardi per trovare un negozio aperto, ma a casa c'è della pasta.

Sì, un piatto di pasta va bene, ma ha voglia anche di un po' di vino.

C'è un bar dove può comprare una bottiglia?

Non è sicura. Vive a Siena solo da due mesi e non conosce ancora bene la città.

Poi si ricorda che c'è un bar sulla strada, poco dopo Piazza del Campo. È aperto a quest'ora, forse lì può comprare una bottiglia di vino.

Si mette la giacca e **SI INCAMMINA**.

la guardia – *Wächter*
buio – *dunkel*
riflesso – *gespiegelt*
la porta a vetri – *Glastür*
sorridere – *lächeln*
ordinario – *gewöhnlich*
sorprendersi – *sich wundern*
scuotere – *schütteln*
incamminarsi – *sich auf den Weg machen*

Non piove più e non ci sono nuvole in cielo, ma le strade sono ancora bagnate dalla pioggia di qualche ora fa.

Siena. Le piace molto la città.

medievale
– *mittelalterlich*
il mattone
– *Ziegelstein*

La vecchia città **MEDIEVALE** ha qualcosa di magico. I palazzi di **MATTONI** rossi e l'architettura gotica creano un'atmosfera romantica.

Sì, è felice di stare qui. E le piace il suo lavoro, anche se è duro. Deve lavorare molto se vuole avere successo come assistente della professoressa Garzelli, ma è molto motivata, e la storia dell'arte è la sua **PASSIONE**.

la passione
– *Leidenschaft*

Gaia arriva in Piazza del Campo. C'è ancora molta gente in giro che passeggia o sta seduta a rilassarsi in questa piazza stupenda. Ci sono molte **COPPIE** che camminano mano nella mano, ammirano il Palazzo Pubblico o stanno sedute vicino alla Cappella **DELLA VERGINE**.

la coppia
– *Paar*

la Vergine
– *Jungfrau Maria*

La Cappella della Vergine. Questo è il suo monumento preferito, pensa. Non per la stupenda architettura in marmo, ma per la sua storia. Gli abitanti di Siena hanno costruito la cappella nel quattordicesimo secolo, alla fine di un'epidemia di peste. Volevano ringraziare la Vergine per avere liberato la città dalla terribile epidemia.

Attraversa lentamente la piazza e arriva nella strada del bar. Il bar è ancora aperto e c'è molta gente seduta ai tavolini all'aperto.

smettere
– *aufhören*

Due uomini **SMETTONO** di parlare quando la vedono, Gaia sente che la guardano con interesse.

1. GAIA

Haben Sie den Anfang des Krimis aufmerksam gelesen? Dann kreuzen Sie an, ob die Sätze richtig oder falsch sind.

	VERO	FALSO
1. Gaia è di Siena.	❍	❍ (X)
2. Lavora molto.	❍ (X)	❍
3. È una donna attraente.	❍ (X)	❍
4. Vuole comprare della pasta.	❍ (X)	❍
5. È felice di abitare a Siena.	❍ (X)	❍

2. A CHE ORA?

Bei der Frage *Um wie viel Uhr?* haben Sie verschiedene Möglichkeiten zu antworten. Ordnen Sie die italienischen Ausdrücke ihrer jeweiligen deutschen Übersetzung zu.

verso le undici • fra le tre e le quattro • poco prima delle otto • dopo l'una • dalle sei alle sette • alle nove

1. kurz vor acht Uhr ____________

2. von sechs bis sieben ____________

3. gegen elf Uhr ____________

4. um neun ____________

5. zwischen drei und vier Uhr ____________

6. nach eins ____________

3. CHE ORA È?

Es ist halb zwölf nachts, als Gaia aus der Universitätsbibliothek kommt. Welche Uhrzeiten sind im Folgenden angegeben? Ordnen Sie zu.

___ **A** Sono le tre e venti.

___ **B** Sono le sei e un quarto.

___ **C** Sono le dieci e mezza.

___ **D** Sono le due meno dieci.

___ **E** È l'una meno un quarto.

___ **F** È mezzanotte.

Denken Sie daran, die Minuten von der vollen Stunde bis zur 39. Minute mit **e** *und* anzuschließen: **Sono le tre e trentacinque.** *Es ist fünf nach halb vier.* Ab der 40. Minute hingegen ziehen Sie die Minuten von der nächsten vollen Stunde mit **meno** *weniger* ab: **Sono le quattro meno venti.** *Es ist zwanzig vor vier.* Außerdem darf **le** vor der Zeitangabe nicht apostrophiert werden: **Sono le otto.** *Es ist acht Uhr.* **Sono le undici.** *Es ist elf Uhr.*

4. CHE TEMPO FA?

Wie war das Wetter, als Gaia nach Hause ging? Lesen Sie es hier nochmals nach.

Wiederholen Sie einige Ausdrücke zum Thema *Wetter*, indem Sie die Bilder den entsprechenden Sätzen zuordnen.

NON PIOVE PIÙ E NON CI SONO NUVOLE IN CIELO, MA LE STRADE SONO ANCORA BAGNATE DALLA PIOGGIA DI QUALCHE ORA FA.

Es regnet nicht mehr und am Himmel sind keine Wolken, aber die Straßen sind noch nass vom Regen, der vor einigen Stunden gefallen ist.

1

2

3

4

5

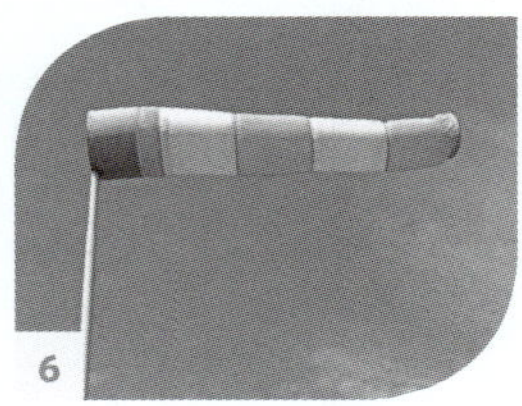
6

___ **A** Fa caldo.

___ **B** È nuvoloso.

___ **C** C'è la nebbia.

___ **D** Fa freddo e nevica.

___ **E** C'è un forte vento.

___ **F** Fa bel tempo.

Bei großer, unangenehmer Kälte sagen die Italiener **fa un freddo cane**, wörtl. *es ist hundekalt*, im Deutschen sagt man eher *saukalt*. Der Hund wird auch bei einer *Affenhitze* herangezogen: **Fa un caldo cane.** Und wenn es wie aus Kübeln oder Eimern schüttet, dann regnet es in Italien wie aus Waschschüsseln: **Piove a catinelle.**

5. DAS VERB DOVERE

Dovere bedeutet *müssen, sollen*. Es wird in der Regel nicht alleine benutzt, sondern zusammen mit einem nachfolgenden Verb im Infinitiv, wie in diesem Ausschnitt der Geschichte.

Dovere ist im Präsens unregelmäßig, aber wenn Sie die Formen sehen, können Sie die Tabelle selbst ergänzen, oder?

DEVE LAVORARE MOLTO SE VUOLE AVERE SUCCESSO COME ASSISTENTE DELLA PROFESSORESSA GARZELLI, MA È MOLTO MOTIVATA, E LA STORIA DELL'ARTE È LA SUA PASSIONE.

Sie muss viel arbeiten, wenn Sie als Assistentin von Professorin Garzelli Erfolg haben will, aber sie ist sehr motiviert und Kunstgeschichte ist ihre Leidenschaft.

deve • dobbiamo • devi • dovete • devo • devono

dovere *(müssen, sollen)*

io **1.** ______	noi **4.** ______
tu **2.** ______	voi **5.** ______
lui / lei / Lei **3.** ______	loro **6.** ______

6. IL SUO LAVORO, LA SUA PASSIONE

Wenden wir uns nun den Possessivbegleitern zu. Sie richten sich in Geschlecht und Zahl nach dem nachfolgenden Substantiv, nur *loro* bleibt unverändert. Lesen Sie die Spalte mit den männlichen Formen und ergänzen Sie dann die weiblichen Formen des Possessivbegleiters. Vergessen Sie dabei den bestimmten Artikel nicht!

Substantiv im Singular

männlich	weiblich
il mio lavoro	la *mia* passione
il tuo lavoro	**1.** ______ passione
il suo lavoro	la *sua* passione
il nostro lavoro	**2.** ______ passione
il vostro lavoro	**3.** ______ passione
il loro lavoro	**4.** ______ passione

Denken Sie daran, dass die Formen **suo** und **sua** sich sowohl auf einen männlichen als auch auf einen weiblichen Besitzer beziehen: **il suo lavoro** *seine / ihre Arbeit*, **la sua passione** *seine / ihre Leidenschaft*.
Bei mehreren Besitzern müssen Sie **loro** benutzen: **il lavoro di Gaia** *Gaias Arbeit* > **il suo lavoro** *ihre Arbeit*, **la città di Stefano e Gemma** *Stefanos und Gemmas Stadt* > **la loro città** *ihre Stadt*.

7. DIE POSSESSIVBEGLEITER IM PLURAL

Wenn der Besitz im Plural ist, z. B. *gli amici die Freunde*, dann muss auch der Possessivbegleiter im Plural stehen, z. B. *i suoi amici*. Vervollständigen Sie nun die Tabelle mit den angegebenen Formen.

i suoi • le loro • i tuoi • le mie • le nostre • i vostri • le sue

Substantiv im Plural

männlich	weiblich
i miei amici	**4.** ______ amiche
1. ______ amici	le tue amiche
2. ______ amici	**5.** ______ amiche
i nostri amici	**6.** ______ amiche
3. ______ amici	le vostre amiche
i loro amici	**7.** ______ amiche

Was für **suo**, **sua** gilt, gilt auch für **suoi** und **sue**. Beide Formen können sich sowohl auf einen männlichen als auch auf einen weiblichen Besitzer beziehen: **i suoi amici** *seine / ihre Freunde*, **le sue amiche** *seine / ihre Freundinnen.*
Bei mehreren Besitzern müssen Sie **loro** benutzen: **gli amici di Gemma e Leo** *die Freunde von Gemma und Leo* > **i loro amici** *ihre Freunde.*

8. LE FORME GIUSTE

Ergänzen Sie nun die jeweils passende Form des bestimmten Artikels und von *suo* und *loro*.

Siena con **1.** ________________ vecchia città medievale ha qualcosa di magico. I palazzi con **2.** ________________ mattoni rossi e **3.** ________________ architettura gotica creano un'atmosfera romantica. La Cappella della Vergine piace molto a Gaia non per **4.** ________________ stupendo marmo, ma e per **5.** ________________ storia.

Gaia scheint wirklich sehr attraktiv zu sein, unterbrechen doch zwei Männer ihr Gespräch beim Anblick der jungen Frau. Ob Gaias Aussehen auf den weiteren Verlauf der Geschichte einen Einfluss haben wird?

▶▷▶ Entra nel bar e sorride al barista.

"Buona sera," dice il barista.

"Buona sera, vorrei una bottiglia di vino rosso, per favore."

"Ah, una bottiglia?" è un uomo basso e grasso, con gli occhi piccoli e **LIBIDINOSI**.

libidinoso *– lüstern, geil*

"Da portare via."

"Ah," dice, e non sorride più. "Perché non rimani qui a bere qualcosa? In compagnia si beve meglio."

"Veramente il mio fidanzato mi aspetta a casa."

Il barista ride e le dà la bottiglia. "Un uomo fortunato."

Gaia non dice niente, gli dà quindici euro e va via prima di prendere il resto. "Grazie."

scontrarsi *– zusammenstoßen*

Esce velocemente dal bar e **SI SCONTRA** con un uomo che sta entrando. "Scusi," dice Gaia.

"Non fa niente," dice lui, e Gaia vede che è uno dei due uomini che prima ha visto seduti al tavolino fuori.

Lui le sorride ma lei va via veloce.

schifoso *– widerlich, abstoßend*

Che uomini **SCHIFOSI**, pensa mentre passa davanti alla cattedrale.

il buonumore *– gute Laune*
scomparire *– verschwinden*

Che uomini schifosi e libidinosi! Il suo **BUONUMORE** è **SCOMPARSO** completamente e ora vuole solo tornare a casa.

Dietro la cattedrale le vie diventano più buie e Gaia comincia a camminare più velocemente.

il diritto *– Recht*

Perché in ogni città ci sono uomini così? Uomini che parlano alle donne in questo modo e pensano di avere **IL DIRITTO** di farlo? Uomini che guardano le donne in questo modo?

il rumore *– Geräusch*

Improvvisamente sente un **RUMORE** dietro di lei.

Si gira subito a guardare, ma non vede niente.

"C'è qualcuno?" dice piano, ma nessuno risponde.

Continua a camminare: Adesso non fa più attenzione alla strada ancora bagnata.

il cuore *– Herz*
prendere fiato *– Luft holen*

Per un paio di minuti cammina molto veloce e quando arriva alla fine della via **IL CUORE** le batte forte e deve fermarsi per **PRENDERE FIATO**.

Si gira un'altra volta, ma non vede nessuno.

gridare *– schreien*

Adesso cammina velocissima, quasi corre. Dopo pochi passi si scontra con qualcuno e **GRIDA** per la sorpresa.

"Scusa!" dice l'uomo, e Gaia vede che è lo stesso tipo che ha incontrato all'uscita del bar.

"Tu?" dice, e fa un passo indietro. "Cosa vuoi?"

"Hai lasciato questo al bar. È tuo, no?" dice, e le mostra un portafoglio nero.

"Sì, è mio," dice quando lo vede, ma non si muove e lo guarda con attenzione.

"Ehi, va tutto bene. Mi chiamo Gianni, sono un **POLIZIOTTO**. Non preoccuparti. Ti cercavo per darti il portafoglio," dice.

poliziotto – *Polizist*

"Sei della polizia?" chiede.

"Sì, aspetta, ho **IL TESSERINO**." Mette la mano in tasca, prende il tesserino e lo mostra a Gaia.

tesserino – *Ausweis*

Per un momento lei rimane in silenzio, poi sorride e prende il portafoglio. "Scusa, preferisco essere **PRUDENTE**."

prudente – *vorsichtig*

"Sì, certo, fai bene," dice.

Lei **ANNUISCE**. "Bene, devo andare."

annuire – *nicken, zustimmen*

Lui guarda le stradine scure davanti a loro. "Abiti qui vicino? Forse ti posso accompagnare."

"No, no, non ti preoccupare. Sono quasi arrivata."

Lui annuisce ma non si muove. "Se permetti, vorrei accompagnarti. Forse hai sentito parlare di quelle persone scomparse..."

"Scomparse?"

"Sì, tre persone in poche settimane. Gente di qui, con familiari e amici. Nessuno sa dove sono. Mi piacerebbe accompagnarti a casa, per essere sicuro che arrivi **SANA E SALVA**. Va bene?"

sano e salvo – *gesund und munter*

Lei lo guarda con attenzione per un momento, poi annuisce. "Va bene, il mio ragazzo sarà contento."

Lei sorride e camminano insieme. Sembra un ragazzo carino, pensa Gaia, e in effetti è meglio camminare con qualcuno in quelle strade buie. ▶▷▶

9. AL BAR E PER LE VIE DI SIENA

Was ist in der Bar und in den dunklen Straßen Sienas passiert? Bringen Sie die folgenden Sätze in die richtige Reihenfolge.

A All'uscita del bar si scontra con un uomo, lui sorride, ma lei va via velocemente.

B Gaia entra in un bar per comprare una bottiglia di vino.

C Gaia cammina veloce per le vie buie e guarda se c'è qualcuno.

D Gaia prima non vuole, ma alla fine annuisce.

E L'uomo le restituisce il portafoglio che lei ha lasciato al bar e la vuole accompagnare a casa.

F Il barista secondo Gaia è schifoso e Gaia esce senza prendere il resto.

G Dopo un po' si scontra con l'uomo che ha visto all'uscita del bar.

Richtige Reihenfolge: ______________________

Den Wein in einer Bar zu kaufen ist schon sehr ungewöhnlich. Einen guten Tropfen kaufen Sie am besten in einer **enoteca**, einer *Weinhandlung*. Neben Wein und Spirituosen bieten die **enoteche** auch allerlei Köstlichkeiten wie Öl, Essig, Pasta, Saucen und Konfitüren an, selbstverständlich in erlesener Qualität.

10. UNA BOTTIGLIA DI VINO

Lesen Sie nochmals, wie Gaia eine Rotweinflasche bestellt.

Una bottiglia ist eine Mengenangabe. Weitere nützliche Mengenangaben können Sie hier wiederholen, indem Sie den Bildern die entsprechende Ausdrücke zuordnen.

"BUONA SERA, VORREI UNA BOTTIGLIA DI VINO ROSSO, PER FAVORE."

„Guten Abend, ich hätte gern eine Flasche Rotwein, bitte."

1

2

3

4

5

6
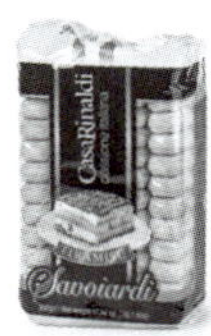

___ **A** un pezzo di formaggio

___ **B** una fetta di pane

___ **C** un pacco di biscotti

___ **D** una scatoletta di tonno

___ **E** un vasetto di marmellata

___ **F** un etto di burro

Begriffe wie **un etto** *100 Gramm* sind, ebenso wie **un chilo** *ein Kilo* oder **un litro** *ein Liter*, bestimmte Mengenangaben. Sie werden durch die Präposition **di** verbunden: **un litro di vino** *ein Liter Wein*, **una fetta di torta** *ein Stück Kuchen*.

11. DIE REFLEXIVEN VERBEN

Im Text kommen einige reflexive Verben vor, zum Beispiel *girarsi* und *chiamarsi*. Lesen Sie die beiden Zitate aus der Geschichte.

SI GIRA UN'ALTRA VOLTA, MA NON VEDE NESSUNO.

Sie dreht sich nochmals um, sieht aber niemanden.

"MI CHIAMO GIANNI, SONO UN POLIZIOTTO."

„Ich heiße Gianni, ich bin Polizist."

Reflexive Verben setzen sich aus dem Verb und einem Reflexivpronomen zusammen. Dieses steht vor der konjugierten Verbform: *si gira*, *mi chiamo*. Wie lauten nun aber die anderen Reflexivpronomen? Ordnen Sie die folgenden Pronomen der richtigen Verbform zu.

ci • si • vi • ti

girarsi *(sich umdrehen)*

io	**1.** mi	giro	noi	**2.** ______	giriamo
tu	**3.** ______	giri	voi	**4.** ______	girate
lui / lei / Lei	**5.** si	gira	loro	**6.** ______	girano

Neben **chiamarsi** *heißen* gibt es noch weitere Verben, die im Italienischen reflexiv sind, nicht aber im Deutschen, zum Beispiel: **addormentarsi** *einschlafen*, **alzarsi** *aufstehen*, **fermarsi** *anhalten*. Den umgekehrten Fall gibt es auch, zum Beispiel **cambiare** *sich ändern*.

Ganz schön mysteriös, diese Gaia. So richtig schlau wird man nicht aus ihr. Sie ist stolz auf ihr gutes Aussehen, ist aber von Männern, denen sie gefällt, angewidert. Ihre ablehnende Haltung dem Polizisten gegenüber hat sie allerdings geändert. Wie wird es mit den beiden weitergehen?

"Non sei di qui, vero?" chiede lui.

"No, sono di Ravenna, mi sono trasferita a Siena poco tempo fa."

Alla fine arrivano alla porta del suo appartamento e lei si ferma. "Beh, grazie ancora," dice.

"Di niente. Senti, ti lascio il mio biglietto da visita. So che abitare in una nuova città può essere difficile. Forse tu e il tuo ragazzo avete voglia di uscire a bere qualcosa, una sera."

Lei sorride e si tocca i capelli. "Veramente... non ho il ragazzo. L'ho detto solo per sentirmi più sicura."

Lui la guarda e sorride. "Ho capito. Allora, se **TI VA**, puoi chiamarmi. Quando vuoi..."

Lei gli fa un sorriso e prende il biglietto da visita. "Forse lo faccio," dice, poi apre la porta ed entra in casa.

Per un momento resta ad ascoltare mentre lui si allontana. Quando non sente più i suoi **PASSI** comincia a **RIDERE**.

"**TESORO**, sono tornata. Ho comprato del vino. Per cena faccio due spaghetti aglio e olio, va bene?"

Dalla stanza vicina arriva il suono della televisione.

"Ho incontrato uno mentre tornavo a casa. Un poliziotto. Sembra gentile." Si toglie la giacca e la butta su una sedia in cucina. Poi appoggia la bottiglia sul tavolo e va in soggiorno.

"**SANTA ISIDORA**!" grida quando vede cosa è successo.

se ti va – *wenn du magst*

il passo – *Schritt*
ridere – *lachen*
il tesoro – *Liebling*

Santa Isidora! – *Um Gottes Willen!*

legato – *gefesselt*
a terra – *auf dem Boden*
il sangue – *Blut*
la paura – *Angst*
imbavagliato – *geknebelt*
accarezzare – *streicheln*

Al centro della stanza c'è un uomo **LEGATO** a una sedia e la sedia è **A TERRA**. L'uomo ha del **SANGUE** sulla fronte e i suoi occhi sono pieni di **PAURA**. "Cosa è successo?" chiede Gaia e corre verso l'uomo. "Stai bene?"

L'uomo non può rispondere: è **IMBAVAGLIATO**.

Gaia lo **ACCAREZZA** con gentilezza.

"Sei caduto un'altra volta?" chiede, con la voce improvvisamente calma.

"Oh, poverino… Ma non ti preoccupare. Ti lascio andare. Siamo stati bene insieme e secondo me hai imparato la lezione. Non puoi guardare in quel modo ogni donna che incontri. Non va bene. Gli uomini come te sono una **PIAGA**. Un giorno la gente mi ringrazierà. Forse con un monumento in marmo."

la piaga – *Plage*

il volume – *Lautstärke*
fare finta di – *so tun als ob*

Poi Gaia alza **IL VOLUME** della televisione. "Ho trovato un nuovo ragazzo che posso portare qui a vivere con me. È un poliziotto. **FA FINTA** di essere buono e gentile, ma i suoi occhi parlano chiaro. Mi vuole, come mi volevi tu."

Lo guarda per un secondo poi torna in cucina. "Allora, vuoi andare via?"

liberare – *befreien*

L'uomo sul pavimento prova a gridare, prova a **LIBERARE** le braccia. Inutilmente.

fare compagnia a qu – *jmd. Gesellschaft leisten*

"Hai detto di sì?" dice Gaia, mentre ritorna in soggiorno. "Benissimo, puoi andare, così vai a **FARE COMPAGNIA** agli altri due. E insieme potete pensare a quello che vi ho insegnato."

E alza il coltello che ha in mano. L'uomo sul pavimento prova ancora una volta a chiamare aiuto.

Inutilmente. ■

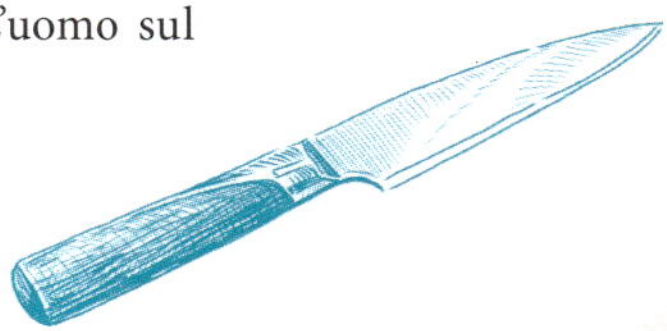

12. LA TERRIBILE VERITÀ

Eine schreckliche Wahrheit, die sich nun am Ende offenbart!
Kreuzen Sie an, ob die folgenden Aussagen richtig oder falsch sind.

	VERO	FALSO
1. Gaia dice che in realtà non ha il ragazzo.	☒	○
2. Lascia entrare il poliziotto in casa.	○	☒
3. Gaia ha legato un uomo a una sedia.	☒	○
4. L'uomo legato è il primo che Gaia porta a casa a vivere con lei.	○	☒
5. Gaia non sopporta gli uomini che la vogliono.	☒	○
6. Alla fine l'uomo legato riesce a liberarsi.	○	☒

13. DAS VERB POTERE

Potere bedeutet *können, dürfen*. Es wird in der Regel zusammen mit einem nachfolgenden Verb im Infinitiv verwendet, wie in diesem Textausschnitt.

SE TI VA, PUOI CHIAMARMI.

Wenn du magst, kannst du mich anrufen.

Potere ist im Präsens unregelmäßig. Suchen Sie im Text die fehlenden Formen und vervollständigen Sie die Tabelle.

potere *(können, dürfen)*

io **1.** posso	noi possiamo
tu **2.** ______	voi **4.** potate
lui / lei / Lei **3.** ______	loro possono

14. DAS VERB VOLERE

Volere bedeutet *wollen*. Wie *potere* und *dovere* ist es unregelmäßig und wird vor allem mit einem nachfolgenden Verb im Infinitiv benutzt.

„ALLORA, VUOI ANDARE VIA?“

„Also, willst du weggehen?“

Lesen sie nun, wie die Formen von *volere* lauten, und setzen Sie dann in den Sätzen unten die passenden Formen von *volere*, *potere* und *dovere* ein. Lesen Sie eventuell die Übungen 5 und 13 nochmals.

volere *(wollen)*

io voglio	noi vogliamo
tu vuoi	voi volete
lui / lei / Lei vuole	loro vogliono

1. I negozi sono chiusi e Gaia ___deve___ *(dovere)* comprare il vino al bar.
2. Gaia non ___vuole___ *(volere)* rimanere al bar, perché il barista è schifoso.
3. Secondo Gaia gli uomini non ___possono___ *(potere)* guardare in modo libidinoso le donne che incontrano.
4. Gli uomini che entrano in casa di Gaia ___devono___ *(dovere)* imparare che non si guardano in un certo modo le donne.
5. Ma che cosa ___vogliono___ *(volere)* veramente gli uomini quando guardano Gaia?

15. DER TEILUNGSARTIKEL

Finden Sie im Text die italienische Entsprechung zu folgendem Satz:

Ich habe Wein gekauft. ______________________________.

Hier ist **del** eine Form des Teilungsartikels. Mit dem Teilungsartikel gibt man eine unbestimmte Menge an.
Der Teilungsartikel setzt sich zusammen aus der Präposition **di** und dem bestimmten Artikel. Sehen Sie sich die Tabelle mit den sieben Formen des Teilungsartikels an.

+	**il**	**lo**	**l'**	**la**	**i**	**gli**	**le**
di	del	dello	dell'	della	dei	degli	delle

Ergänzen Sie nun bei folgender Aufzählung die passenden Formen des Teilungsartikels.

Nel frigorifero di Gaia non c'è niente, nel mio invece ci sono tante cose:

1. __________ latte,
2. __________ carne,
3. __________ insalata,
4. __________ spinaci,
5. __________ spumante,
6. __________ carote,
7. dei peperoni, il peperone
8. degli gnocchi e altre cose ancora.

4. La casa di ringhiera

l' edilizia popolare
– *sozialer Wohnungsbau*
il Novecento
– *20. Jahrhundert*
la facciata
– *Fassade*
collegare
– *verbinden*
convivere
– *(ohne Trauschein) zusammenleben*
invidiare
– *beneiden*
ricercato
– *gefragt*
il campanello
– *Klingel*

Mi chiamo Gino e vivo a Torino. Abito in una casa di ringhiera, un tipo di **edilizia popolare** tipica delle città del Nord Italia, realizzata agli inizi del **Novecento**. La sua caratteristica principale è il balcone, che corre lungo tutta **la facciata** interna e **collega** i vari appartamenti che si trovano a quel piano. Io, per esempio, per arrivare a casa mia, percorro tutto il balcone e passo davanti alla casa di Mario (che è un mio amico, molto bravo con i motori) e a quella di Alberto (che invece fa lo stilista, **convive** con una modella e che io **invidio** molto). Insomma questo balcone è una specie di grande corridoio esterno.

La casa in cui vivo era di mio nonno. Quando era giovane lavorava in una famosa industria automobilistica di Torino. Poi siamo arrivati noi, cioè la mia famiglia: mio padre, mia madre e io. I miei genitori insegnano in un liceo qui vicino. Da qualche anno, questo tipo di casa è molto **ricercata**. La gente suona al **campanello** e chiede se qualcuno dei proprietari vuole vendere l'appartamento. Un giorno sono addirittura venute delle persone a fare un servizio fotografico, così io e Mario siamo finiti su una rivista di architettura, proprio come due persone importanti.

Così il giorno dopo sono andato dalla

ragazza di Alberto (lui non era in casa) e le ho fatto vedere la rivista con la mia foto. Lei si chiama Ivonne, è bionda, francese e con gli occhi verdi. Mi ha fatto una carezza sulla testa. Per me questa **carezza** è un complimento, invece Mario ride, mi **prende in giro** e dice: "Ivonne ti **accarezza** come un cane." Mia madre **ha incorniciato** la foto e dice: "Con questo articolo la casa **vale** almeno il doppio." Mio padre invece sostiene che io e Mario sembriamo due appena usciti dal **riformatorio**, e lui è uno che vede le cose prima degli altri. ▶▷▶

la carezza – *Liebkosung*
prendere in giro – *sich lustig machen*
accarezzare – *streicheln*
incorniciare – *einrahmen*
valere – *wert sein*
il riformatorio – *Erziehungsheim*

1. La casa e i suoi abitanti

Haben Sie den ersten Teil der Geschichte verstanden? Dann beantworten Sie die folgenden Fragen. Mehrere Antworten können richtig sein.

1. Chi è Mario?
- ☒ **A** Un amico di Gino.
- ❍ **B** Il ragazzo di Ivonne.
- ❍ **C** Un francese.

2. Chi è Alberto?
- ☒ **A** Uno stilista.
- ❍ **B** Il padre di Mario.
- ☒ **C** Il ragazzo di Ivonne.

3. Ivonne...
- ☒ **A** A fa la modella.
- ❍ **B** convive con Mario.
- ☒ **C** è francese.

4. La casa di ringhiera...
- ❍ **A** è un tipo di casa del Sud Italia.
- ❍ **B** è dell'inizio dell'Ottocento.
- ☒ **C** da qualche anno è molto ricercata.

Casa bedeutet nicht nur *Haus*, sondern auch *Wohnung*. Wenn also jemand sagt **ho trovato casa** wird er wohl eher eine Wohnung als ein Haus gefunden haben. Vor allem ist **la casa** auch *das Zuhause*: **Casa dolce casa** *trautes Heim*.

2. Case in Italia

Sehen Sie sich nun einige Haustypen an, die Sie in Italien finden. Ordnen Sie den Bildern die passenden Bezeichnungen zu.

1

2

3

4

5

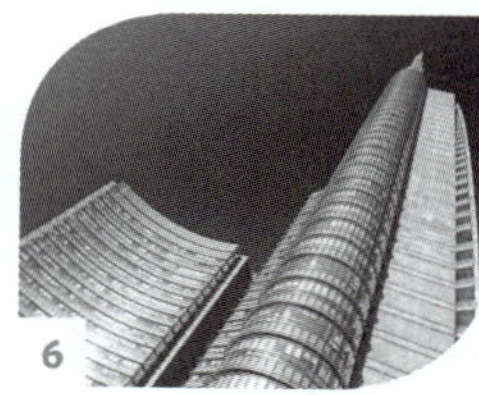
6

6 **A** il grattacielo

5 **B** la casa di ringhiera

2 **C** la casa di campagna

3 **D** la casa unifamiliare

1 **E** il palazzo

4 **F** la villetta a schiera

Denkt man an italienische Architektur, hat man wohl automatisch historische Bauten vor Augen. Es gibt aber auch sehr interessante moderne Gebäude, wie zum Beispiel die beiden **Bosco Verticale** *Vertikaler Wald* genannten Hochhaustürme in Mailand. 2014 gewannen die vom bekannten Mailänder Architekten Stefano Boeri entworfenen Zwillingstürme den renommierten *International Highrise Award.*

3. Casa e appartamento

Lesen Sie hier nochmals, wie Gino das Haus beschreibt, in dem er wohnt. Wiederholen Sie dann einige Wörter zum Thema *Wohnen*, indem Sie den deutschen Begriffen die passenden italienischen Übersetzungen zuordnen.

La sua caratteristica principale è il balcone, che corre lungo tutta la facciata interna e collega i vari appartamenti che si trovano a quel piano.

Sein Hauptmerkmal ist der Balkon, der an der gesamten Innenhoffassade entlang verläuft und die verschiedenen Wohnungen, die sich auf diesem Stockwerk befinden, miteinander verbindet.

1. der Eingang	L	**A**	il corridoio
2. die Treppe	E	**B**	il cortile
3. die Küche	G	**C**	la cantina
4. die Terrasse	J	**D**	la soffitta
5. der Innenhof	B	**E**	le scale
6. der Flur	A	**F**	la camera da letto
7. der Lift	K	**G**	la cucina
8. der Dachboden	D	**H**	il soggiorno
9. der Keller	C	**I**	il bagno
10. das Schlafzimmer	F	**J**	la terrazza
11. das Bad	I	**K**	l'ascensore
12. das Wohnzimmer	H	**L**	l'entrata

4. Die Verwandtschaft

Gino erwähnt einige Mitglieder seiner Familie. Suchen Sie in der Geschichte die italienischen Entsprechungen der folgenden Ausdrücke.

1. mein Großvater ______________________

2. mein Vater ______________________

3. meine Mutter ______________________

4. meine Eltern ______________________

> Bei Verwandtschaftsnamen im Singular wird der Possessivbegleiter **ohne** den bestimmten Artikel benutzt: **mia madre** *meine Mutter.* Nur bei **loro** steht immer der bestimmte Artikel: **la loro madre** *ihre Mutter.* Im Plural steht auch bei Possessivbegleitern vor Verwandtschaftsnamen der Artikel, genauso wie auch bei allen anderen Substantiven: **i nostri genitori** *unsere Eltern,* **il mio lavoro** *meine Arbeit.*

Können Sie nun diese Verwandtschaftsbezeichnungen zuordnen?

5. la cognata	D	**A**	der Bruder
6. il cugino	F	**B**	der Sohn
7. il fratello	A	**C**	die Schwester
8. la zia	E	**D**	die Schwägerin
9. la sorella	C	**E**	die Tante
10. il figlio	B	**F**	der Cousin

5. Mit oder ohne bestimmten Artikel?

Ergänzen Sie nun, wo nötig, die passende Form des bestimmten Artikels. Achten Sie darauf, ob ein Verwandtschaftsnamen folgt und ob dieser im Singular oder im Plural steht.

Gino e **1.** ______ suoi genitori abitano nell'appartamento del nonno. **2.** ______ loro appartamento si trova in una casa di ringhiera. Questo tipo di casa è molto ricercato e spesso la gente chiede se qualcuno vuole vendere **3.** ______ suo appartamento. Un giorno Gino e **4.** ______ suo amico Mario sono finiti su una rivista di architettura. Gino ha fatto vedere **5.** ______ sua foto a Ivonne, la ragazza che a lui piace molto. **6.** ______ sua madre ha incorniciato la foto e ha detto che adesso **7.** ______ loro casa vale almeno il doppio. Secondo **8.** ______ suo padre, invece, i due ragazzi sembrano appena usciti dal riformatorio.

Beim Lesen sind Ihnen vielleicht auch andere Erscheinungsformen des Possessivbegleiters aufgefallen.

Es gibt einige feststehende Wendungen, bei denen der Possessivbegleiter ohne Artikel nicht vor, sondern nach dem Substantiv steht.
È colpa mia. *Es ist meine Schuld.*
Andiamo a casa tua. *Wir gehen zu dir nach Hause.*
Figlio mio! *Mein (lieber) Sohn!*
Damit wird der Besitz oft betont und verstärkt. Steht dagegen der unbestimmte Artikel, dann handelt es sich um eine Sache unter mehreren: **una mia amica** *eine meiner Freundinnen.*

Io, per esempio, per arrivare a casa mia, percorro tutto il balcone e passo davanti alla casa di Mario (che è un mio amico...) ...

Ich, zum Beispiel, laufe, um zu mir nach Hause zu gelangen, den ganzen Balkon entlang und komme an Marios Wohnung vorbei (der einer meiner Freunde ist ...) ...

Wir wissen schon einiges über Gino, Mario, Alberto und Ivonne.
Was werden wir sonst noch über die Helden der Geschichte erfahren?

Io e Mario abbiamo appena 14 anni e da qualche tempo, quando parliamo sul balcone, ci ritroviamo a guardare sempre dentro la casa di Ivonne. Eppure questo, fino a un anno fa, non **capitava**, non capisco perché. Quando compio 18 anni, prendo subito **la patente** e invito Ivonne a fare **un giro** in macchina. Quando non c'è Alberto, naturalmente. Questo mio desiderio non lo rivelo a Mario, perché lui Ivonne la invita **sul serio**. Mario è un tipo diverso da me. Io sono magro e con i ricci. Lui è bassino e **ha i capelli a spazzola** e sa fare molte più cose di me. Per esempio sa **guidare** la macchina, anzi **sostiene** di avere la patente. E quando gli chiedo: “Ma dove l'hai presa?”, lui risponde: ”In America, da mio zio, la scorsa estate.” Ma io non gli credo. Comunque, guida davvero bene. Per farmi vedere quanto è bravo ci alziamo la notte. Quando i suoi e i miei genitori dormono. Verso le tre ci vediamo sul balcone. Io esco dalla finestra, corro con le pantofole, arrivo davanti alla finestra di casa sua e aspetto. Lui apre la finestra, **scavalca** e scendiamo giù in strada. Suo padre ha una macchina molto piccola, da città. Lavora in centro, fa il direttore di banca e per arrivare prima al lavoro ha bisogno di una macchina piccola. Mario apre **lo sportello**, sale, si mette **la cintura di sicurezza**, mi guarda negli occhi e parte. A quell'ora di notte c'è poco traffico e la strada è libera. Facciamo **un sacco di** giri. Tutti intorno al quartiere. Guidiamo a zigzag e

capitare – *geschehen*

la patente – *Führerschein*

il giro – *Rundfahrt*

sul serio – *im Ernst*

avere i capelli a spazzola – *einen Bürstenschnitt haben*

guidare – *Auto fahen*

sostenere – *behaupten*

scavalcare – *darüberklettern*

lo sportello – *Autotür*

la cintura di sicurezza – *Sicherheitsgurt*

un sacco di – *eine Menge*

alcune volte facciamo lunghi tratti in **retromarcia**. Mario è **una specie** di pilota, lo ammiro molto. Poi dopo **un'oretta**, quando vediamo i primi tram uscire dal deposito, torniamo a casa. Parcheggiamo esattamente dove abbiamo preso la macchina, saliamo a casa, camminiamo **zitti zitti** sul nostro balcone, ci salutiamo e ci mettiamo a dormire. Nessuno **si accorge** di nulla. Non lo facciamo sempre, perché poi l'indomani mattina **abbiamo troppo sonno** e a scuola non **combiniamo** nulla. Ancora oggi quando penso a quelle uscite notturne, sento male al **sedere** per **i calci** che ho preso da mio padre. Perché sì, a un certo punto questo divertimento è finito. E **la colpa** è di Ivonne, anche se lei **non c'entra nulla**. ▸▷▸

la retromarcia – *Rückwärtsgang*
la specie – *Art*
l'oretta – *knappe Stunde*
zitto zitto – *ganz leise*
accorgersi di qc – *etw. bemerken*
avere troppo sonno – *zu müde sein*
combinare – *zu Stande bringen*
il sedere – *Hintern*
il calcio – *Fußtritt*
la colpa – *Schuld*
non c'entrare nulla – *nichts damit zu tun haben*

31.05.22

6. I giri in macchina

Gino und Mario sind ganz schön abenteuerlustig. Testen Sie, ob Sie den zweiten Teil in etwa verstanden haben, indem Sie ankreuzen, ob die folgenden Aussagen richtig oder falsch sind.

	VERO	FALSO
1. Gino ha 14 anni, Mario ne ha 18.	○	☒
2. Da un anno guardano volentieri dentro la casa di Ivonne.	☒	○
3. Gino guida molto bene.	○	☒
4. Verso le tre di notte i due ragazzi fanno dei giri in macchina intorno al quartiere.	☒	○
5. Gino invita spesso Ivonne a fare un giro in macchina.	○	☒

7. Den Beruf angeben

Im Text werden die Berufe einiger Personen genannt. Lesen Sie hier nochmals, welchen Beruf Marios Vater ausübt.

Lavora in centro, fa il direttore di banca e per arrivare prima al lavoro ha bisogno di una macchina piccola.

Er arbeitet im Stadtzentrum, er ist Bankdirektor und braucht, um früher zur Arbeit zu kommen, ein kleines Auto.

Der Beruf wird also mit dem Verb **fare** *tun, machen* und der Berufsbezeichnung angegeben. Der bestimmte Artikel darf dabei nicht fehlen:
Alberto fa lo stilista. *Alberto ist Modedesigner.*
Ivonne fa la modella. *Ivonne ist Model.*

Ordnen Sie die Formen des Verbs *fare* richtig in der Tabelle ein.

fa • fanno • facciamo • fai • fate

fare *(tun, machen)*

io *faccio*	noi **3.** ______
tu **1.** ______	voi **4.** ______
lui / lei / Lei **2.** ______	loro **5.** ______

Man kann auch mit dem Verb **essere** *sein* den Beruf angeben. Dann steht vor der Berufsbezeichnung kein Artikel: **Il padre di Mario è direttore di banca.** *Marios Vater ist Bankdirektor.* **Alberto è stilista.** *Alberto ist Modedesigner.*
Und so fragen Sie eine Person, die Sie siezen, nach ihrem Beruf: **Che lavoro fa?** Und so jemanden, den Sie duzen: **Che lavoro fai?**

8. Le professioni

Wiederholen Sie nun einige Berufsbezeichnungen, indem Sie den Bildern die passenden Begriffe zuordnen.

1

2

3

4

5

6

7

8

A l'architetto

B il medico

C la fotografa

D il parrucchiere

F il panettiere

E l'imbianchino

G il meccanico

3 **H** il cuoco

9. Altre professioni

Wiederholen Sie noch einige weitere Berufsbezeichnungen, indem Sie die italienischen Berufe der deutschen Übersetzung zuordnen.

1. il giornalista	**A** der Zahnarzt
2. l'avvocato	**B** der Metzger
3. il sarto	**C** der Schauspieler
4. l'infermiere	**D** der Journalist
5. il dentista	**E** der Schneider
6. il musicista	**F** der Krankenpfleger
7. il ballerino	**G** der Sänger
8. il macellaio	**H** der Taxifahrer
9. il cantante	**I** der Rechtsanwalt
10. il grafico	**J** der Musiker
11. il tassista	**K** der Tänzer
12. l'attore	**L** der Grafiker

Die meisten Berufe haben eine männliche und eine weibliche Form: **il ballerino – la ballerina** *der Tänzer – die Tänzerin,* **il professore – la professoressa** *der Lehrer – die Lehrerin.* Einige haben eine Form für beides, hier ändert sich nur der Artikel: **il dentista – la dentista**, **il cantante – la cantante**. Bei einigen wenigen Berufen wird die männliche Form auch für Frauen verwendet: **l'ingegnere** *der Ingenieur / die Ingenieurin,* **il medico** *der Arzt / die Ärztin,* **l'architetto** *der Architekt / die Architektin.*

10. Saper fare qualcosa

Gino denkt, Mario könne viel mehr Dinge als er selbst.

Können wird hier mit **sapere** wiedergegeben und nicht mit **potere**. Warum? Während **potere** *können, dürfen* bedeutet, also eine Möglichkeit angibt, drückt **sapere + Verb im Infinitiv** eine Fähigkeit aus:
Chi sa guidare? *Wer kann Auto fahren?*
Stasera non posso uscire, devo lavorare.
Heute Abend kann ich nicht ausgehen, ich muss arbeiten.

Lui è bassino e ha i capelli a spazzola e sa fare molte più cose di me. Per esempio sa guidare la macchina...

Er ist eher klein und hat einen Bürstenschnitt und kann viel mehr Dinge tun als ich. Er kann zum Beispiel Auto fahren …

Sapere hat unregelmäßige Verbformen. Wenn Sie die Formen sehen, können Sie sie aber in der Tabelle selbst einordnen, oder?

sa • sappiamo • sai • sapete • so • sanno

sapere *(können, wissen)*

io **1.** ______	noi **4.** ______
tu **2.** ______	voi **5.** ______
lui / lei / Lei **3.** ______	loro **6.** ______

Die nächtlichen Autofahrten finden also ein jähes Ende. Was wird wohl geschehen, und warum liegt die Schuld am Geschehen bei Ivonne, obwohl sie nichts damit zu tun hat?

il volante – *Lenkrad*
abbassare – *herunterlassen*
mettersi a urlare – *zu schreien beginnen*
l'imbarazzo – *Verlegenheit*
l'acceleratore – *Gaspedal*
la confusione – *Durcheinander*
proteggersi – *sich schützen*
il tizio – *Typ*
la lacrima – *Träne*
arrestare – *festnehmen*
il delinquente – *Verbrecher*

Ci siamo svegliati come sempre intorno alle tre per fare il solito giro. Dopo un po' abbiamo visto da lontano la macchina di Ivonne, con lei **al volante** che tornava a casa da sola. Al semaforo vicino al deposito dei tram ci siamo messi con la nostra macchina accanto alla sua. Allora io ho **abbassato** il finestrino e l'ho salutata. Lei non credeva ai suoi occhi e **si è messa a urlare**. Mario non si aspettava questa reazione e così, un po' per **l'imbarazzo**, un po' perché in realtà non ha davvero la patente, ha messo il piede sull'**acceleratore** e la macchina è finita proprio sotto uno dei primi tram che uscivano dal deposito vicino casa. Per fortuna non ci siamo fatti male. Ma che **confusione**: Ivonne piangeva, mio padre e il padre di Mario urlavano contro di noi e noi cercavamo di **proteggerci** dai loro calci. Dopo è arrivata anche la polizia e **un tizio** a fare le foto per il giornale. Alla fine **le lacrime** di Ivonne hanno convinto la polizia a non **arrestare** né me né Mario. Ma il giorno dopo io e Mario eravamo di nuovo sul giornale. Questa volta mia madre non ha incorniciato la foto e mio padre continua a dire che ho una faccia da **delinquente**.

11. L'incidente

L'incidente, der Unfall, **hätte schlimmer ausgehen können.**
Aber was ist genau geschehen? Bringen Sie die Sätze in die richtige Reihenfolge.

A Mario mette il piede sull'acceleratore e la macchina finisce sotto un tram.

B Al semaforo i due ragazzi si mettono accanto alla macchina di Ivonne.

C Come sempre Gino e Mario escono intorno alle tre di notte.

D Il giorno dopo sul giornale c'è la foto di Gino e Mario.

E Dopo un po' vedono Ivonne che torna a casa in macchina da sola.

F Arriva la polizia, ma non arresta i due ragazzi.

G Quando Ivonne vede i due ragazzi, si mette a urlare.

Richtige Reihenfolge: C, E, B, G, A, F, D

Sie haben im Text **la foto** und **le foto** gelesen. Sind das Druckfehler? Nein, ganz und gar nicht. Einige Substantive mit der Endung **-o** sind eigentlich Abkürzungen, zum Beispiel **la fotografia** > **la foto** *das Foto,* **la motocicletta** > **la moto** *das Motorrad,* **l'automobile** > **l'auto** *das Auto.* Diese Substantive sind trotz der Endung **-o** weiblich. Im Plural bleiben sie unverändert: **la moto** – **le moto** *das Motorrad – die Motorräder,* **l'auto** > **le auto** *das Auto – die Autos.*

12. Präposition + bestimmter Artikel

Wenn nach den Präpositionen *a, da, di, in* und *su* der bestimmte Artikel folgt, verschmelzen sie zu einem einzigen Wort. Die sieben Verbindungen von *di* mit dem bestimmten Artikel haben Sie beim Teilungsartikel bereits gesehen. Können Sie nun anhand der Beispiele aus der Geschichte die weiteren Verbindungen entschlüsseln? Tragen Sie die Formen anschließend in die Tabelle unten ein.

1. Ci siamo svegliati intorno **alle** tre. a + le
2. Abbiamo visto la macchina di Ivonne con lei **al** volante. ________
3. Ci siamo messi con la nostra macchina accanto **alla** sua. ________
4. Lei non credeva **ai** suoi occhi. ________
5. Mario ha messo il piede **sull'**acceleratore. ________
6. La macchina è finita sotto uno dei primi tram che uscivano **dal** deposito. ________
7. Io e Mario cercavamo di proteggerci **dai** loro calci. ________
8. Eravamo di nuovo **sul** giornale. ________

+	il	lo	l'	la	i	gli	le
a	al	allo	all'	alla	ai	agli	alle
da	dal	dallo	dall'	dalla	dai	dagli	dalle
in	nel	nello	nell'	nella	nei	negli	nelle
su	sul	sullo	sull	sulla	sui	sugli	sulle

5. Bella da morire

Allegra sale sulla passerella, il pubblico trattiene il fiato e i flash di tutti i fotografi si accendono.

la passerella – *Laufsteg*
il fiato – *Atem*

Ecco. È la sua serata, il suo momento.

Cammina lentamente e con eleganza.

Nel buio della notte il vestito bianco è bellissimo, ma Allegra sa che tutte le macchine fotografiche cercano la sua collana.

il buio – *Dunkelheit*
la collana – *Kette*

La collana con lo zaffiro blu chiamato 'Fiore di Loto'. Uno degli zaffiri più preziosi al mondo.

prezioso – *wertvoll*

I flash delle macchine fotografiche illuminano Allegra, che arriva lentamente in fondo alla passerella. Il vestito bianco, gli occhi azzurri e i capelli biondi si intonano perfettamente allo zaffiro. Allegra sa che domani la sua foto sarà su tutte le riviste di moda. Sa di essere la star della settimana della moda di Milano.

intonarsi a – *passen zu*

Ma si sente male.

Arriva in fondo alla passerella e si ferma. Per un momento le sembra di svenire. Ha troppo caldo e ha le gambe deboli.

svenire – *ohnmächtig werden*

Forza! Pensa.

Si gira lentamente e comincia a tornare indietro. Cerca con gli occhi Matteo, il suo ragazzo. È sicuramente seduto in prima fila, dove sono anche i giornalisti. Ma Allegra non lo vede.

girarsi – *sich umdrehen*
la fila – *Reihe*

Poi arriva nel punto dove deve fermarsi, come ha deciso la signora Alesi. Si gira, resta ferma per le ultime fotografie, poi esce e il pubblico applaude.

il camerino – *Garderobe*

la sfilata – *Modenschau*

"Fantastica!" dice la signora Alesi, e Allegra sente la mano della donna sul braccio. "Veloce, torniamo nei camerini."

Le due donne vanno verso una delle porte di Palazzo Serbelloni, intorno a loro c'è il grande caos delle sfilate.

"Non mi sento molto bene, Signora Alesi…"

La stilista non si ferma, ma la guarda negli occhi. "Hai bevuto?"

"No! Non bevo mai quando lavoro."

"Hai mangiato?"

"Un po'."

"Beh, forse è solo il caldo. Ma devi essere in forma, Allegra, questa è la nostra serata."

la rabbia – *Wut*

l'invidia – *Neid*

reserved

Allegra lo sa. Guarda gli altri stilisti, le altre modelle. Nessuno deve sapere che non sta bene. A destra vede la sua rivale, la famosa modella Camilla Marnati, con gli occhi pieni di rabbia e invidia. E quando arriva ai camerini riservati alle top model, Allegra vede lo stilista Marco Blondi che la guarda serio e poi va via.

sedersi – *sich setzen*

pallido – *blass*

Finalmente entrano nel camerino e la signora Alesi chiude la porta.

"Ecco, siediti. Bevi un po' d'acqua. Sei pallida."

Allegra si siede. Si sente stanchissima. ▶▷▶

1. Allegra e la signora Alesi

Haben Sie den ersten Teil des Krimis aufmerksam gelesen? Dann beantworten Sie folgende Fragen. Mehrere Antworten können richtig sein.

1. Chi è Allegra?

- ☑ **A** Un'amica di Matteo.
- ☑ **B** Una top model.
- ☑ **C** La star della settimana della moda a Milano.

2. Chi è la signora Alesi?

- ☑ **A** Una stilista.
- ○ **B** Una fotografa famosa.
- ☑ **C** Una collega di Allegra.

3. Allegra è la star della settimana della moda perché…

- ○ **A** porta un bellissimo vestito.
- ☑ **B** porta uno degli zaffiri più preziosi al mondo.
- ○ **C** ha dei bellissimi occhi azzurri.

4. Chi vede Allegra prima di entrare in camerino?

- ☒ **A** Una collega famosa.
- ☑ **B** Lo stilista Marco Blondi.
- ○ **C** Il suo ragazzo.

Die Anfänge der Mailänder Modewoche gehen auf das Jahr 1958 zurück. Heute gehört **La settimana della moda** in Mailand zu den sogenannten *Big Four* des Modekarussels, das viermal im Jahr veranstaltet wird. Es beginnt mit New York, gefolgt von London, dann Mailand und endet mit Paris. Die drei wichtigsten Events in Mailand sind **Womenswear**, **Milan SS Women Ready to Wear** und **Milano Moda Donna**. Wer hier teilnimmt, gehört zu den ganz Großen der Branche.

2. Il corpo umano

Der Körper ist von der Mode kaum wegzudenken. Eine gute Gelegenheit, die wichtigsten Begriffe dieses Wortfelds zu wiederholen. Ordnen Sie die Körperteile den angegebenen Wörtern zu.

___ **A** la testa	___ **B** il petto	___ **C** il collo
___ **D** l'orecchio	___ **E** il piede	___ **F** il ginocchio
___ **G** la schiena	___ **H** il braccio	___ **I** il naso
___ **J** la mano	___ **K** il sedere	___ **L** la bocca
___ **M** la gamba	___ **N** la pancia	

Vergessen Sie nicht, folgende männliche Wörter haben einen weiblichen Plural: **il braccio > le braccia, l'orecchio > le orecchie, il ginocchio > le ginocchia.** Der Plural von **la mano** lautet **le mani**. Achten Sie auf die richtigen Endungen! Manche dieser Wörter haben im Plural eine unregelmäßige Endung: **-a**.

Ma si sente male. (...) Per un momento le sembra di svenire. Ha troppo caldo e ha le gambe deboli.

Aber sie fühlt sich schlecht. (...) Einen Moment lang glaubt sie, ohnmächtig zu werden. Ihr ist zu warm, und sie ist schwach auf den Beinen.

3. Come si sente?

Allegra geht es nicht besonders gut. Welche gesundheitlichen Probleme haben die folgenden Personen? Ordnen Sie den Bildern die passenden Sätze zu.

1

2

3

4

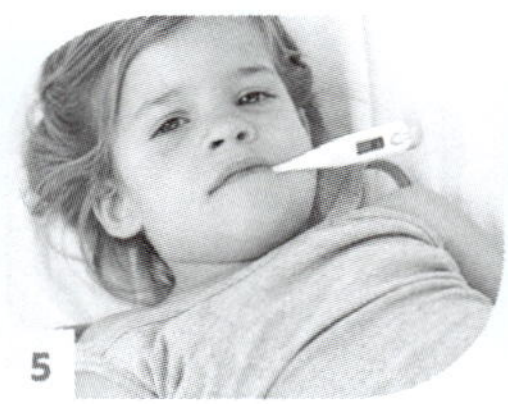
5

6

5 **A** Ho la febbre.

3 **B** Ho il raffreddore.

6 **C** Ho la tosse.

2 **D** Ho mal di gola.

1 **E** Ho mal di testa.

4 **F** Ho mal di denti.

Nach dem Befinden fragt man mit **Come si sente?** *Wie geht es Ihnen?* Allegra würde antworten: **Non mi sento molto bene.** *Es geht mir nicht besonders gut.*

4. Die Ordnungszahlen

Allegra sucht ihren Freund Matteo *in prima fila, in der ersten Reihe*. Wissen Sie noch, wie die Ordnungszahlen von erstens bis zehntens lauten? Tragen Sie die Zahlwörter bei den richtigen Ziffern ein.

Cerca con gli occhi Matteo, il suo ragazzo. È sicuramente seduto in prima fila, dove sono anche i giornalisti.

Sie sieht sich suchend nach Matteo, ihrem Freund, um. Er sitzt sicher in der ersten Reihe, wo auch die Journalisten sind.

decimo • quarto • secondo • nono • sesto • ottavo • terzo • settimo • quinto

1°	primo	**6°**	sesto
2°	secondo	**7°**	settimo
3°	terzo	**8°**	ottavo
4°	quarto	**9°**	nono
5°	quinto	**10°**	decimo

Ab 11. lassen sich die Ordnungszahlen von der Grundzahl ableiten, indem man den Endvokal durch **-esimo** ersetzt, zum Beispiel: **undici (11) > undicesimo (11°), dodici (12) > dodicesimo (12°), venti (20) > ventesimo (20°), trentotto (38) > trentottesimo (38°).**
Denken Sie daran, dass Ordnungszahlen, die sich auf ein Substantiv beziehen, Adjektive sind und ihre Endung an dieses angepasst werden muss: **la terza fila** *die dritte Reihe,* **il quinto giorno** *der fünfte Tag.*

5. Die Adverbien auf -mente

Im Italienischen werden zahlreiche Adverbien von einem Adjektiv abgeleitet und enden dann auf **-mente**.

Bei Adjektiven mit der Endung **-o** nimmt man die weibliche Form und hängt **-mente** an: **lento > lenta > lentamente** *langsam*. Endet das Adjektiv auf **-e**, dann wird **-mente** an das unveränderte Adjektiv angehängt: **veloce > velocemente** *schnell*. Bei Adjektiven, die auf **-le** oder **-re** enden, entfällt das **-e** vor **-mente**: **facile > facilmente** *leicht*, **regolare > regolarmente** *regelmäßig*.

Denken Sie daran, dass die Adverbien zu den Adjektiven **buono** *gut* und **cattivo** *schlecht* unregelmäßig gebildet werden – **bene** *gut* und **male** *schlecht*:

Sto bene. *Es geht mir gut.*

Sto male. *Es geht mir schlecht.*

I flash delle macchine fotografiche illuminano Allegra, che arriva lentamente in fondo alla passerella.

Die Blitzlichter der Fotoapparate beleuchten Allegra, die langsam ans Ende des Laufstegs gelangt.

Leiten Sie nun von den angegebenen Adjektiven das Adverb ab und vervollständigen Sie damit die Sätze.

Allegra è **1.** certamente *(certo)* delusa (disappointed) di non vedere Matteo. **2.** probabilmente *(probabile)* Matteo è solo uscito un momento. **3.** normalmente *(normale)* Allegra non si sente **4.** ~~cattivamente~~ male *(cattivo)* quando è in passerella. Perché questa volta non si sente **5.** ~~buono~~ bene *(buono)*? **6.** fortunatamente *(fortunato)* Allegra riesce ad entrare nel camerino e il pubblico applaude **7.** intensamente *(intenso)*.

Was wird nun geschehen? Wird sich Allegra erholen? Und was ist mit Matteo? Wird er wieder auftauchen?

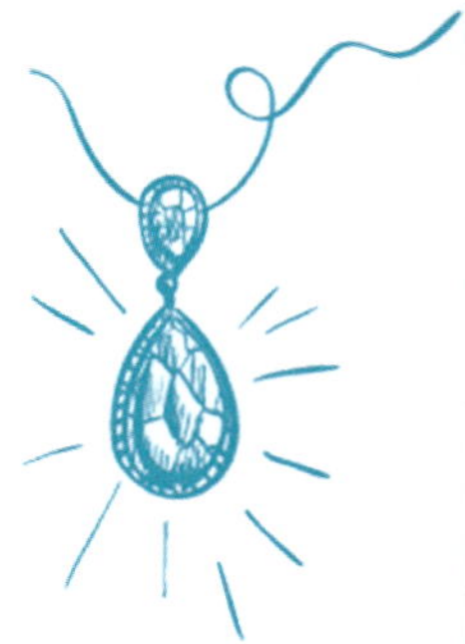

"Mi dai la collana, così la chiudo in cassaforte? Tra poco arrivano le guardie giurate a prenderla. È un successo, Allegra! Domani il mio vestito e il tuo bel faccino saranno su tutte le riviste del mondo."

la cassaforte - *Tresor*
la guardia giurata - *vereidigter Wachmann*
il faccino - *Gesichtchen*

Allegra si toglie la collana e la dà alla signora Alesi.

"Oddio, non sto bene per niente," ripete, ma fatica a parlare... la stanza gira.

faticare - *Mühe haben*

Allegra sviene.

Sta sognando? Ha sentito veramente un grido?

Apre gli occhi e si trova per terra, sul pavimento del camerino.

sognare - *träumen*
il grido - *Schrei*
il pavimento - *Fußboden*

E c'è un problema. C'è un grosso problema.

"Signora Alesi?" Si gira e vede la stilista seduta vicino alla cassaforte, di schiena.

di schiena - *rücklings*

"Signora Alesi?" ripete Allegra, e si alza in piedi, con fatica. Si avvicina alla donna e poi si ferma, quando vede l'immagine spaventosa nello specchio.

Gli occhi della stilista sono aperti, ma freddi e fissi.

E ha un coltello nel petto. Il sangue esce ancora dalla ferita.

"No!" dice piano, la voce troppo debole per gridare.

Poi si guarda allo specchio. Il vestito bianco non è più solo bianco. Ha una macchia rossa davanti.

il petto - *Brust*
il sangue - *Blut*
la ferita - *Wunde*
la macchia - *Fleck*

Allegra alza le braccia e vede che anche le mani sono rosse, sporche di sangue.

"Aiuto!" prova a gridare.

aiuto! – *Hilfe!*

Qualcuno bussa alla porta.

bussare – *klopfen*

"Allegra?"

"Matteo!" Allegra va alla porta e prova ad aprirla, ma non riesce.

"Matteo! Non si apre! Aiutami!"

"Allegra, cosa c'è? Stai bene? La porta è chiusa a chiave."

Allegra vede la chiave e la gira, prima a destra, poi a sinistra e alla fine tira la maniglia disperatamente.

la maniglia – *Türklinke*

La porta si apre e Matteo entra nel camerino.

Per un attimo resta fermo, si guarda intorno e controlla tutto con i suoi intelligenti occhi scuri. Poi chiude la porta.

"Matteo, aiutami!" Allegra si avvicina, ma lui alza la mano per fermarla.

"Aspetta. Cos'è successo?"

"Non so. Sono svenuta e quando mi sono svegliata ho trovato la signora così. Matteo, per favore, chiamiamo la polizia."

Matteo fa sì con la testa ma non si muove.

muoversi – *sich bewegen*

"Allegra, aspetta. Aspetta un attimo. La porta era chiusa da dentro. Eravate solo voi due qui?"

Allegra non sta ancora bene, ma capisce. "No, non sono stata io! C'era qualcun altro, sono sicura."

Matteo non sembra convinto, guarda le mani di Allegra.

convinto – *überzeugt*

"E questo qualcuno com'è uscito? La porta era chiusa da dentro."

Si guardano intorno, ma non ci sono finestre o altre porte.

"Sicuramente uno degli altri stilisti!" dice Allegra. "Marco Blondi! O forse Camilla. Lei voleva lavorare con la signora Alesi e si è arrabbiata parecchio quando la signora ha scelto me."

Matteo ancora non sembra convinto. Si gira verso la cassaforte. "Mio Dio! Il Fiore di Loto. Dov'è?"

Anche Allegra si gira. La cassaforte è aperta e lo zaffiro non c'è. "Vedi? Non sono stata io! Controlla, Matteo, io non ce l'ho!"

"Va bene, forse hai ragione." La sua voce adesso è più convinta. "Ma devi stare qui per un momento. Non puoi uscire così. Esco io e vado a chiamare la polizia. Va bene?"

Allegra fa sì con la testa. "Va bene, ma fa' presto!"

"Siediti qui." Matteo indica una sedia lontana dal corpo della Signora Alesi.

Poi esce e Allegra rimane sola.

6. Nel camerino di Allegra

Haben Sie verstanden, was in der Garderobe passiert ist? Bringen Sie die Sätze in die richtige Reihenfolge.

A Allegra vuole aprire, ma la porta è chiusa a chiave.

B Allegra dà la collana alla signora Alesi e poi sviene.

C Poi vede che le sue mani sono sporche di sangue.

D Allegra vede la chiave e apre a Matteo.

E Matteo vede che non c'è più la collana.

F Quando si sveglia, vede la signora Alesi con un coltello nel petto.

G Allegra vuole chiamare la polizia, Matteo invece no.

H Qualcuno bussa alla porta; è Matteo.

I Allegra, però, non ha la collana e allora Matteo va a chiamare la polizia.

Richtige Reihenfolge: ______________________

7. Die direkten Objektpronomen lo, la, li, le

"Mi dai la collana, così la chiudo in cassaforte?" (...) Allegra si toglie la collana e la dà alla signora Alesi.

„Gibst du mir die Kette, dann schließe ich sie im Tresor ein?" (...) Allegra zieht die Kette aus und gibt sie Frau Alesi.

Ein direktes Objektpronomen ersetzt ein direktes Objekt (wen oder was?). Bestimmen Sie zunächst, ob das Objekt in den folgenden Sätzen männlich oder weiblich ist und ob es im Singular oder Plural steht.

	M	W	SG	PL
1. Allegra non vede **Matteo**.	❍	❍	❍	❍
2. La Signora Alesi prende **la collana**.	❍	❍	❍	❍
3. Allegra guarda **gli altri stilisti**.	❍	❍	❍	❍
4. Allegra guarda **le altre modelle**.	❍	❍	❍	❍

Und nun ersetzen Sie die Objekte durch die passenden Objektpronomen.

le • la • li • lo

5. Allegra non vede **Matteo**. – Allegra non _____ vede.

6. La signora Alesi prende **la collana**. – La signora Alesi _____ prende.

7. Allegra guarda **gli altri stilisti**. – Allegra _____ guarda.

8. Allegra guarda **le altre modelle**. – Allegra _____ guarda.

8. Die direkten Objektpronomen im Überblick

Die übrigen direkten Objektpronomen unterscheiden sich in der Form nicht von den indirekten Objektpronomen und den Reflexivpronomen. Vervollständigen Sie nun die Sätze mit den angegebenen Pronomen.

ti • ci • La • mi • vi

Die direkten Objektpronomen

1. Allegra, ____ senti?	*Allegra, hörst du mich?*
2. Sì, ____ sento.	*Ja, ich höre dich.*
3. Non **lo** conosco. (Mario) **4.** Non **la** conosco. (Laura) **5.** Signor Rota, ____ saluto.	*Ich kenne ihn nicht.* *Ich kenne sie nicht.* *Herr Rota, ich grüße Sie.*
6. ____ vedi?	*Siehst du uns?*
7. Sì, ____ vedo.	*Ja, ich sehe euch / Sie.*
8. **Li** guarda. (gli stilisti)	*Sie schaut sie an.*
9. **Le** guarda. (le modelle)	*Sie schaut sie an.*

Wenn Sie eine Person ansprechen, die Sie siezen, dann benutzen Sie **La** *Sie* sowohl bei einem Mann als auch bei einer Frau. Sprechen Sie hingegen mehrere Personen an, dann nehmen Sie **vi** *euch / Sie*, egal ob Sie diese Personen siezen oder duzen:
Signori / Signore, vi prego! *Meine Herren / Meine Damen, ich bitte Sie!*
Ragazzi / Ragazze, vi prego! *Jungs / Mädels, ich bitte euch!*

9. Der Imperativ der 2. Person Singular

"Allegra, aspetta. Aspetta un attimo."

„Allegra, warte. Warte einen Augenblick."

Allegra möchte die Polizei holen, Matteo fordert sie aber auf zu warten.
Warum endet das Verb nicht auf **-i**, da es doch eine Verbform der 2. Person Singular ist? Weil es sich hier nicht um das Präsens von **aspettare** (**aspetti** *du wartest*) handelt, sondern um den Imperativ, die Befehlsform. Sehen Sie sich die folgende Tabelle an.

Der Imperativ der 2. Person Singular

Verben auf **-are** wie **aspettare**	**Aspetta!** *Warte!*
Verben auf **-ere** wie **chiudere**	**Chiudi...!** *Schließ ...!*
Verben auf **-ire** wie **sentire**	**Senti!** *Hör mal!*

sente (sie)
Senti (du)

Bei den Verben auf **-ere** und **-ire** entspricht der Imperativ der 2. Person Singular dem Präsens derselben Person:
Chiudi la porta! *Schließ die Türe!*
Chiudi tu la porta? *Schließt du die Türe?*

Ergänzen Sie nun den Imperativ der angegebenen Verben.

1. Matteo, ________________ la porta! *(aprire)*
2. Allegra, ________________ la chiave! *(prendere)*
3. Matteo, ________________ nella cassaforte! *(guardare)*

10. Die Kurzformen beim Imperativ

Einige Verben haben für den Imperativ der 2. Person Singular eine Kurzform. Im Text wird die Kurzform vom Verb **fare** verwendet.

Allegra fa sì con la testa. "Va bene, ma fa' presto!"

Allegra nickt mit dem Kopf. „Ist gut, aber mach schnell!"

Wissen Sie noch, welche Verben im Imperativ auch eine Kurzform haben, meist neben einer Form auf **-i**? Es sind die Verben **andare** *gehen*, **dare** *geben*, **fare** *machen, tun*, **stare** *bleiben, stehen* und **dire** *sagen*.

Vervollständigen Sie nun die Tabelle mit den angegebenen Kurzformen des Imperativs.

da' • fa' • di' • sta' • va'

Verben mit Kurzformenim Imperativ

andare	**1.** ________ **! vai!** *geh(e)!*
dare	**2.** ________ **! dai!** *gib!*
fare	**3.** ________ **! fai!** *mach(e)!*
stare	**4.** ________ **! stai!** *bleib(e)!*
dire	**5.** ___di___ **!** *sag(e)!*

Das Verb **dire** hat nur die Kurzform **di'**.

Allegra scheint es gelungen zu sein, Matteo von ihrer Unschuld zu überzeugen. Aber was steckt hinter Matteos zögerlichem Verhalten? Und was wird Allegra nun unternehmen?

▶▷▶ Prova a pulire il sangue dalle mani con un asciugamano, ma senza acqua è impossibile. Butta per terra l'asciugamano e sta per piangere quando nota qualcosa di strano.

Sulla parete della stanza c'è un grande tappeto.

Ma il tappeto non è appeso bene. Allegra lo sposta e dietro trova una porta.

Controlla la maniglia della porta. È sporca di sangue.

Mio Dio! Qualcuno era nella stanza, e poi è uscito da questa porta…

Vuole chiamare aiuto, ma sa che Matteo ha ragione, nessuno deve vederla così.

Apre la piccola porta e lentamente entra nel buio. C'è una scala. Allegra comincia a salire.

Dopo un paio di minuti arriva a un'altra porta. Si ferma per un secondo e poi la apre.

È arrivata sul tetto di Palazzo Serbelloni. È sola.

Intorno a lei c'è Milano di notte, con le sue luci e i suoi palazzi illuminati.

Ma dov'è l'assassino? Come si può scendere? Come è sceso l'assassino? Guarda giù: la sfilata è ancora in corso. Non lo sa ancora nessuno? Matteo non ha chiamato la polizia?

Improvvisamente sente un rumore dietro di lei, si gira e vede la luce di alcune torce. Fa un passo indietro.

"Ferma! Mani in alto!" grida una voce.

Non riesce a vedere bene, ma sente che molte persone si avvicinano.

buttare – *werfen*

la parete – *Wand*

appendere – *aufhängen*

sporco – *schmutzig*

il tetto – *Dach*

l'assassino – *Mörder*

essere in corso – *in Gang sein*

il rumore – *Geräusch*

la torcia – *Taschenlampe*

Fa un altro passo indietro. Ha troppa paura per pensare.

Ma chi è stato a uccidere la signora Alesi? Camilla? Marco Blondi? Tutti e due?

"Polizia!" grida una voce.

La polizia?

Nella corte del palazzo la musica si ferma, il pubblico, i giornalisti e le indossatrici guardano in alto, verso il tetto.

l'indossatrice – *Model*

"Mani in alto! Sappiamo cosa ha fatto!"

"Ma io non ho fatto niente… sono solo svenuta… ho… Per favore, dov'è Matteo? Lui può spiegare. È stata una rapina, la collana, chiedete a lui!"

la rapina – *Raubüberfall*

Matteo.

Allegra fa un passo indietro verso il bordo del tetto.

il bordo – *Rand*

Matteo.

I pensieri corrono: "Perché Matteo non era al suo posto quando sfilavo sulla passerella? Per settimane ha parlato solo dello zaffiro e mi ha fatto mille domande. Mi ha chiesto il valore, mi ha chiesto se era in cassaforte… Perché non c'era durante la sfilata?"

il valore – *Wert*

Matteo.

Le ha dato qualcosa da bere prima della sfilata, per calmarla, così ha detto.

calmare – *beruhigen*

Invece lei si è sentita male e poi è svenuta.

E lui era fuori dalla stanza quando lei si è svegliata.

La porta chiusa a chiave?

Lei ha provato ad aprirla, ma forse non si apriva perché da fuori lui la teneva chiusa.

"Matteo! È stato Matteo!" grida, ma anche i poliziotti gridano.

Adesso ha capito. Ora è chiaro il piano di Matteo: lei sale sul tetto così la polizia può seguirla e arrestarla per l'omicidio della signora Alesi.

l'omicidio – *Mord*

"Aspettate! È stato Matteo! Ha rubato lo zaffiro!" Grida Allegra, ma poi fa qualcosa che in passerella non si deve mai fare... che lei non ha mai fatto, in tutta la sua carriera.

Inciampa.

E cade.

E mentre cade nel vuoto, il pubblico trattiene il fiato... e la corte di Palazzo Serbelloni è illuminata dai flash di tutti i fotografi. ■

rubare – *stehlen*

inciampare – *stolpern*

cadere – *stürzen, fallen*

il vuoto – *Leere*

11. Bella da morire

Haben Sie das Ende des spannenden Krimis aufmerksam gelesen? Dann kreuzen Sie an, ob folgende Aussagen richtig oder falsch sind.

	VERO	FALSO
1. Dietro a un tappeto Allegra trova una porta.	☒	○
2. Allegra decide di rimanere nel guardaroba.	○	☒
3. Allegra vede l'assassino sul tetto.	○	☒
4. Secondo la polizia è stata Allegra a uccidere la signora Alesi.	☒	○
5. Alla fine Allegra capisce che l'assassino è Matteo.	☒	○

12. L'arredamento

Uno specchio, ein Spiegel, und *un tappeto, ein Teppich,* befinden sich in Allegras Garderobe. Welche Gegenstände gehören noch zur Einrichtung? Ordnen Sie den Bildern die passenden Begriffe zu.

1

2
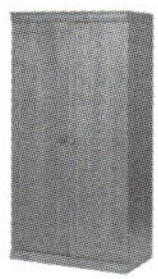

3

4

5

6

7

8
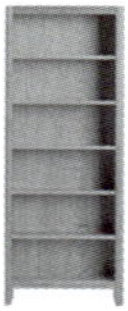

A il comò

B il tavolo

C la poltrona

D l'armadio

E la lampada

F la sedia

G la libreria

H il divano

13. Die indirekten Objektpronomen gli und le

Matteo. Le ha dato qualcosa da bere prima della sfilata, per calmarla, così ha detto.

Matteo. Er hat ihr vor der Modenschau etwas zu trinken gegeben, um sie zu beruhigen, das hat er jedenfalls gesagt.

Ein indirektes Objektpronomen ersetzt ein indirektes Objekt (wem?). Bestimmen Sie zunächst, ob das Objekt männlich oder weiblich ist und ob es im Singular oder Plural steht.

	M	W	SG	PL
1. Allegra dà la chiave **a Matteo**.	❍	❍	❍	❍
2. Matteo dà da bere **a Allegra**.	❍	❍	❍	❍
3. Allegra sorride **ai fotografi**.	❍	❍	❍	❍
4. Allegra sorride **alle colleghe**.	❍	❍	❍	❍

Und nun ergänzen Sie die Sätze mit den angegebenen indirekten Objektpronomen.

gli • le • gli • gli

5. Allegra dà la chiave **a Matteo**. – Allegra ________ dà la chiave.

6. Matteo dà da bere **a Allegra**. – Matteo ________ dà da bere.

7. Allegra sorride **ai fotografi**. – Allegra ________ sorride.

8. Allegra sorride **alle colleghe**. – Allegra ________ sorride.

14. Die indirekten Objektpronomen im Überblick

Die übrigen indirekten Objektpronomen (1. und 2. Person Singular und Plural) unterscheiden sich in der Form nicht von den entsprechenden direkten Objektpronomen und Reflexivpronomen. Lesen Sie nun die italienischen Beispiele und ergänzen Sie dann die deutschen Entsprechungen.

Die indirekten Objektpronomen

1. **Mi** dai la chiave?	*Gibst du* ___mir___ *den Schlüssel?*
2. **Ti** do la chiave.	*Ich gebe* ______ *den Schlüssel.*
3. Domani **gli** scrivo.	*Morgen schreibe ich* ______.
4. Domani **le** scrivo.	*Morgen schreibe ich* ______.
5. Signor Rota, **Le** scrivo.	*Herr Rota, ich schreibe* ______.
6. Quando **ci** scrivi?	*Wann schreibst du* ______*?*
7. Domani **vi** scrivo.	*Morgen schreibe ich* ______*/ Ihnen.*
8. **Gli** scrivo.	*Ich schreibe* ______.

Wenn Sie eine Person ansprechen, die Sie siezen, dann benutzen Sie **Le** *Ihnen* sowohl bei einem Mann als auch bei einer Frau. Sprechen Sie hingegen mehrere Personen an, dann nehmen Sie **vi** *euch/Ihnen*, egal ob Sie diese Personen siezen oder duzen: **Signori/Signore, vi dico la verità!** *Meine Herren/Meine Damen, ich sage Ihnen die Wahrheit.* **Ragazzi/Ragazze, vi dico...** *Jungs/Mädels, ich sage euch ...*

15. Objektpronomen

Und nun üben Sie die direkten und indirekten Objektpronomen, indem Sie den Bildern den jeweils passenden Satz zuordnen. Zwei Sätze können mehrmals zugeordnet werden.

1

2

3

4

___ **A** La conosci?

___ **B** Le trovo simpatiche.

___ **C** Gli dico di venire con noi.

___ **D** Lo incontro stasera.

___ **E** Perché non li saluti?

___ **F** Perché gli sorridi?

Zur Erinnerung: Wenn sich ein Objekt sowohl aus männlichen als auch weiblichen Personen bzw. Gegenständen zusammensetzt, dann wird dieses Objekt durch die männliche Plural-Form des entsprechenden Objektpronomens ersetzt:

Allegra vede gli stilisti e le sue colleghe. > Allegra li vede.
Allegra sieht die Modedesigner und ihre Kolleginnen. > Allegra sieht sie.

Allegra sorride alla Signora Alesi e ai fotografi. > Allegra gli sorride.
Allegra lächelt Frau Alesi und den Fotografen zu. > Allegra lächelt ihnen zu.

16. Stare per fare qualcosa

Matteo geht die Polizei holen, und Allegra versucht, das Blut von den Händen abzuwischen. Sie ist aber erfolglos und den Tränen nahe.

Butta per terra l'asciugamano e sta per piangere quando nota qualcosa di strano.

Sie wirft das Handtuch auf den Boden und ist den Tränen nahe, als sie etwas Seltsames bemerkt.

Wenn Sie ausdrücken wollen, dass etwas unmittelbar bevorsteht, verwenden Sie die nahe Zukunft, die mit **stare per** + Infinitiv gebildet wird. Dabei konjugieren Sie **stare** im Präsens und fügen **per** sowie den Infinitiv des Verbs hinzu. Und so lautet das Präsens von **stare**.

stare *(stehen, bleiben)*

io sto	noi stiamo
tu stai	voi state
lui / lei / Lei sta	loro stanno

Jetzt sind Sie dran! Wandeln Sie die Sätze in die nahe Zukunft um.

1. Matteo esce dalla stanza.

____

2. Allegra apre la porta.

____

3. Arriva la polizia.

____

4. Allegra cade nel vuoto.

____

12 01 22

6. Caso d'agosto

È la fine di luglio. Lo psicologo Vito Speranza e la sua famiglia hanno da poco finito le vacanze al mare e sono tornati nella loro villetta sul Lago di Como.

Il professor Speranza si deve infatti preparare per un congresso internazionale di psicologia che comincia tra pochi giorni a Lugano. Quella sera una donna con una **voce** molto **particolare** telefona a Vito Speranza, ma dice subito che **ha sbagliato numero**. Il giorno dopo la sconosciuta richiama il professore e i due parlano al telefono per più di un'ora. Nei giorni successivi Vito Speranza e la donna misteriosa si sentono molto spesso. Vito Speranza in pochi giorni **si è innamorato** di quella donna con quella voce così particolare. La vuole conoscere, ma lei gli chiede di aspettare ancora un po'. Il professore sa soltanto che si chiama Marta, un nome che per lui ormai è diventato un'ossessione.

Agosto è un mese tranquillo anche per la polizia. Il commissario Marini **decide** quindi di lavorare ad alcuni **casi** non **risolti**. Comincia a occuparsi **dell'omicidio** di una giovane studentessa, Luisa Venturini, **uccisa** vent'anni fa. Il commissario vuole studiare meglio il caso, così va a trovare Giulio Perlasca, un suo vecchio amico e direttore del giornale locale. Forse nell'archivio del giornale ci sono vecchi articoli che parlano del caso Venturini. Perlasca è contento di rivedere il suo vecchio amico e i due si siedono **nell'ufficio** del direttore. Dopo aver ascoltato la storia del commissario Marini, Perlasca gli presenta una sua

la voce – *Stimme*
particolare – *außergewöhlich*
sbagliare numero – *sich verwählen*
innamorarsi – *sich verlieben*

decidere – *sich entscheiden*
il caso – *Fall*
risolto – *hier: aufgeklärt*
l'omicidio – *Mord*
uccidere – *ermorden*
l'ufficio – *Büro*

collaboratrice, una giornalista molto brava. "Puoi chiedere a lei **tutto quello che** ti **serve**, è bravissima, sicuramente la nostra giornalista più **preparata**!"

"Piacere," si presenta la giornalista con un bel **sorriso**.

"Piacere. Sono il commissario Marini e forse ho bisogno del suo aiuto. **Si tratta** di una vecchia storia, successa molti anni fa. Nei prossimi giorni posso **dare un'occhiata** al vostro archivio?"

"Con piacere!" la giornalista dà al commissario il suo biglietto da visita e lo saluta.

"Allora, a presto, commissario. Mi scusi, ma devo finire un articolo."

"Arrivederci!"

Il commissario guarda il biglietto da visita e chiede al direttore del giornale:

"Scusa, ma si chiama Venturini?"

"Sì, Marta Venturini, perché? C'è qualcosa che non va?" risponde il direttore.

"No, no, tutto a posto. Ti ringrazio. Ci sentiamo presto."

I due amici si salutano con una **stretta di mano**. Il commissario è sicuro: tra Marta e Luisa Venturini c'è un **legame**. Per il momento però decide di non dire niente.

Marta Venturini ha capito che il commissario Marini vuole trovare informazioni su una storia che lei conosce molto bene. Per lei è arrivato il momento di **agire**. ▶▷▶

la collaboratrice – *Mitarbeiterin*
tutto quello che ti serve – *alles, was du brauchst*
preparato – *qualifiziert*
il sorriso – *Lächeln*
trattarsi di qc – *sich um etw. handeln*
dare un'occhiata – *einen Blick werfen*
la stretta di mano – *Handschlag*
il legame – *Verbindung*
agire – *handeln*

1. I personaggi della storia

Haben Sie den ersten Teil der Geschichte verstanden? Dann beantworten Sie die folgenden Fragen. Mehrere Antworten können richtig sein.

1. Chi è Vito Speranza?

☒ **A** Uno psicologo.

☒ **B** Un professore.

○ **C** Un vecchio amico del commissario Marini.

2. Chi è Marta Venturini?

○ **A** Un'amica del professor Speranza.

☒ **B** Una donna misteriosa.

☒ **C** Una giornalista.

3. Chi è Giulio Perlasca?

☒ **A** Il direttore del giornale locale.

○ **B** Un vecchio amico del professor Speranza.

☒ **C** Il capo di Marta Venturini.

4. Che cosa fa il commissario?

☒ **A** Si occupa di un omicidio successo tanti anni fa.

☒ **B** Vuole cercare degli articoli sull' omicidio nell'archivio del giornale.

○ **C** Racconta che tra Luisa Venturini e la giornalista Venturini c'è un legame.

Titel sind in Italien sehr wichtig: Nicht nur der Doktor und der Professor werden mit Titel angesprochen, sondern auch der **avvocato** *Rechtsanwalt*, der **ingegnere** *Ingenieur* und der **ragioniere** *Buchhalter* mit ihren Berufsbezeichnungen:

Buongiorno, dottor Ferri! *Guten Tag, Herr Dr. Ferri!*

Avvocato, La saluto. *Herr Anwalt, ich grüße Sie!*

Ingegner Costa, come sta? *Herr Costa, wie geht es Ihnen?*

2. I mesi

Der Krimi beginnt im *Juli (luglio)*. Wissen Sie noch, wie die anderen Monate lauten? Bringen Sie die italienischen Monatsnamen in die richtige Reigenfolge.

A marzo
B giugno
C dicembre
D ottobre
E febbraio
F luglio
G aprile
H gennaio
I agosto
J maggio
K novembre
L settembre

Richtige Reihenfolge: ______________________

3. Le stagioni

Und wie heißen die vier Jahreszeiten auf Italienisch?
Ordnen Sie den Bildern den passenden Begriff zu.

1

2

3

4

4 **A** l'autunno

3 **B** l'estate

2 **C** la primavera

D l'inverno 1

4. Das passato prossimo

Wenn Sie erzählen wollen, was Sie getan haben oder was geschehen ist, brauchen Sie das **passato prossimo**. Diese Zeit der Vergangenheit wird auch am Anfang der Geschichte verwendet.

Das **passato prossimo** setzt sich aus dem Präsens der Hilfsverben **avere** *haben* oder **essere** *sein* und dem Partizip Perfekt des jeweiligen Verbs zusammen. Die Bildung des Partizip Perfekt können Sie in der nächsten Übung wiederholen.

Lo psicologo Vito Speranza e la sua famiglia hanno da poco finito le vacanze al mare e sono tornati nella loro villetta sul Lago di Como.

Der Psychologe Vito Speranza und seine Familie haben vor Kurzem ihren Urlaub am Meer beendet und sind in ihre kleine Villa am Comer See zurückgekehrt.

Bilden Sie nun selbst das *passato prossimo* von *finire beenden*, indem Sie die Formen des Hilfsverbs *avere* in die Tabelle einfügen.

hai • abbiamo • ha • avete • ho

finire *(enden, beenden, aufhören)*

io **1.** ______	noi **4.** ______ finito
tu **2.** ______	voi **5.** ______ finito
lui / lei / Lei **3.** ______	loro hanno finito

5. Die Bildung des Partizip Perfekt

Marta Venturini ha capito che il commissario Marini vuole trovare informazioni su una storia che lei conosce molto bene. Per lei è arrivato il momento di agire.

Marta Venturini hat verstanden, dass Kommissar Marini Informationen über eine Geschichte finden will, die sie sehr gut kennt. Für sie ist der Moment gekommen zu handeln.

Bei zahlreichen Verben können Sie das Partizip Perfekt vom Infinitiv ableiten. Im Zitat aus der Geschichte kommen zwei regelmäßige Partizipien vor.

Die Verben auf **-are** wie **arrivare** bilden das Partizip Perfekt auf **-ato**:
arrivare *ankommen* > **arrivato** *angekommen*
Die Verben auf **-ire** wie **capire** bilden das Partizip auf **-ito**:
capire *verstehen* > **capito** *verstanden*
Die Veben auf **-ere** wie **avere** bilden das Partizip auf **-uto**:
avere *haben* > **avuto** *gehabt*

Bei vielen Verben, besonders bei den Verben auf *-ere,* wird das Partizip unregelmäßig gebildet. In der Regel lässt sich aber das Partizip ohne weiteres dem Infinitiv zuordnen. Versuchen Sie es mal.

1.	essere	**A**	deciso
2.	succedere	**B**	fatto
3.	decidere	**C**	stato
4.	fare	**D**	visto
5.	dire	**E**	successo
6.	vedere	**F**	detto

6. Das passato prossimo mit essere

Wenn das **passato prossimo** mit dem Hilfverb **essere** gebildet wird, richtet sich das Partizip Perfekt in Geschlecht und Zahl nach dem Subjekt. Ein Beispiel dazu finden Sie im Zitat.

Vervollständigen Sie nun das *passato prossimo* von *tornare*, indem Sie die fehlenden Elemente ergänzen. Nehmen Sie die angegebenen Formen des Hilfsverbs *essere* zu Hilfe.

Lo psicologo Vito Speranza e la sua famiglia (...) sono tornati nella loro villetta sul Lago di Como.

Der Psychologe Vito Speranza und seine Familie (...) sind in ihre kleine Villa am Comer See zurückgekehrt.

sei • siamo • sono • è • siete

finire *(enden, beenden, aufhören)*

io	sono **tornato / tornata**
tu	**1.** ________ **tornato / tornata**
lui / lei / Lei	**2.** ________ ________
noi	**3.** ________ **tornati / tornate**
voi	**4.** ________ ________
loro	**5.** ________ ________

7. Esercitiamo il passato prossimo

Sie können nun das *passato prossimo* üben, indem Sie den Bildern den jeweils passenden Satz zuordnen. Einige Bilder können mehrmals zugeordnet werden.

1

2

3

4

2 **A** Sono tornati dalle vacanze.

1, 4 **C** Ha telefonato al suo amico.

3 **E** Sono andate al lago.

2, 3 **G** Hanno fatto una gita.

1 **B** È uscito con suo padre.

4 **D** Non è andata al lago con le amiche.

1, 4 **F** Ha sbagliato numero.

3 **H** Sono arrivate tardi.

Zur Erinnerung: Der Gebrauch der Hilfsverben **avere** und **essere** entspricht meist dem Gebrauch von *haben* und *sein* beim deutschen Perfekt: **Hanno fatto una gita.** *Sie haben einen Ausflug gemacht.* **Sono arrivate tardi.** *Sie sind spät angekommen.* Das Partizip Perfekt endet auf **-i**, wenn es sich auf eine Gruppe von männlichen und weiblichen Personen bzw. Gegenständen bezieht. **Saverio e Emma sono tornati dalle vacanze.** *Saverio und Emma sind aus dem Urlaub zurückgekehrt.*

8. L'ufficio

Kommissar Marini besucht seinen alten Freund Giulio Perlasca in dessen Büro. Welche Gegenstände könnten sich in diesem Büro befinden? Wiederholen Sie dieses Wortfeld, indem Sie den Bildern den passenden Begriff zuordnen.

1

2

3

4

5

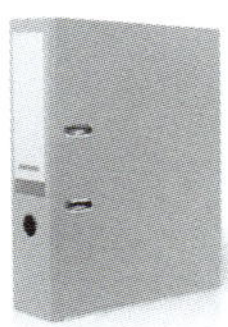
6

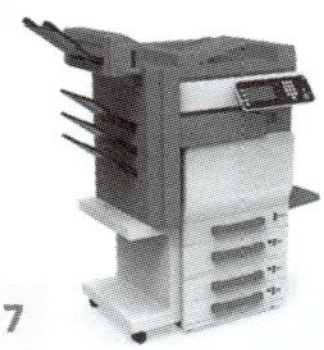
7

8

2 **A** il pc
7 **B** la fotocopiatrice
8 **C** la scrivania
1 **D** l'agenda
5 **E** la biro
4 **F** il telefono
6 **G** il raccoglitore
3 **H** la matita

Marta hat also verstanden, dass sich der Kommissar Informationen über eine Geschichte beschaffen will, die sie sehr gut kennt. Aber um was für eine Geschichte handelt es sich? Warum kennt sie diese Geschichte sehr gut? Und liegt der Kommissar richtig mit der Annahme, dass zwischen Marta und Luisa Venturini eine Verbindung besteht?

È il due agosto, il professor Speranza è appena uscito di casa. Il cellulare suona. È un po' nervoso.

"Ciao, sei tu?"

"Sì… come stai?"

"Ho voglia di vederti!"

"Questo pomeriggio. Ci vediamo a Torno, sul lago. Subito dopo la piazza, sulla sinistra, c'è una casa bianca con un **campanello** senza nome. **Suona** e ti apro. Alle tre!"

il campanello – *Klingel*
suonare – *klingeln*

"Ma questo pomeriggio…"

"Niente discussioni. Se mi vuoi vedere, vieni alle tre. Ci vediamo dopo. Ti aspetto!"

Vito Speranza decide di **rinunciare** al congresso di Lugano per conoscere finalmente questa donna a cui pensa così tanto.

rinunciare – *verzichten*

Il commissario Marini è nel suo ufficio e legge con attenzione i documenti sull'omicidio della giovane studentessa. Sì, non c'è **dubbio**, Luisa, la **vittima**, e Marta, la giornalista, non hanno solo lo stesso cognome, **si assomigliano** anche: hanno gli stessi occhi, lo stesso sorriso. Marini decide di **mostrare** le foto alla giornalista. La chiama sul cellulare, ma lei non risponde.

il dubbio – *Zweifel*
la vittima – *Opfer*
assomigliarsi – *sich gleichen*
mostrare – *zeigen*

Forse è in ufficio, pensa il commissario. Marini chiama la redazione del giornale, ma risponde un uomo:

"La Provincia, buongiorno."

"Salve, sono il commissario Marini. C'è la signora Venturini?"

"Mi dispiace, è **fuori** per un **servizio** e torna molto tardi."

"Va bene, La ringrazio."

"Vuole lasciare un **messaggio**?"

"No, grazie, va bene così. Arrivederci."

"Arrivederci!"

> **fuori** – *außer Haus*
> **il servizio** – *hier: Reportage*
> **il messaggio** – *Nachricht*

Marini guarda l'orologio: sono le tre **in punto**. Il caldo fuori è **insopportabile**. Il commissario continua a leggere i documenti sull'omicidio di Luisa Venturini. Il suo caso d'agosto.

> **in punto** – *punkt*
> **insopportabile** – *unerträglich*

Nello stesso momento Vito Speranza suona il campanello senza nome di una casa al centro del paese di Torno. La porta si apre. Il professore entra lentamente. **Il fresco** della casa lo fa sentire meglio. La voce che ormai conosce molto bene gli dice di salire le scale. Sale e si trova in un grande salone con un balcone che dà sul lago.

> **il fresco** – *Frische*

"È bello vederti, finalmente," dice lui.

"**Accomodati**."

> **accomodarsi** – *sich setzen*

Su un tavolino il professore vede un vecchio libro, sembra un **diario**. Lei si siede accanto a lui.

> **il diario** – *Tagebuch*

"Come stai, professore?"

Vito Speranza è nervoso.

"Bene, bene..."

Improvvisamente Marta si alza dal divano e prende il libro che è sul tavolo. La sua voce ora è fredda e **decisa**.

> **improvvisamente** – *plötzlich*
> **deciso** – *bestimmt*

"Conosci questo libro?"

"No... Perché?" risponde lui senza capire la domanda.

"Però conosci il nome Luisa... Luisa Venturini. Questo è il suo diario..."

il passato *- Vergangenheit*
ora *- jetzt*

per paura *- aus Angst*
per caso *- zufällig*

"Luisa…" Un **passato** lontano, brutto, terribile. Un passato che **ora** diventa lentamente presente.

"Sì, Luisa Venturini, mia sorella, una ragazza di vent'anni, che tu hai ucciso! Ucciso **per paura**. È scritto tutto qui, nel diario. L'ho trovato **per caso** in questa casa. In queste pagine lei scrive che ha paura, che ha paura di te!"

Il professore si alza, vuole andare via. Marta prende una pistola dalla borsa. ▶▷▶

9. Il primo incontro

Marta und der Professor treffen sich also zum ersten Mal. Haben Sie in etwa verstanden, was bei dieser ersten Begegnung passiert? Kreuzen Sie an, ob die folgenden Aussagen richtig oder falsch sind.

		VERO	FALSO
1.	Marta vuole assolutamente incontrare il professore.	☒	❍
2.	Il professore va al congresso di Lugano.	❍	☒
3.	Secondo il commissario Marta e Luisa si assomigliano molto.	☒	❍
4.	Il commissario mostra la foto di Luisa a Marta.	☒	❍
5.	Luisa è la sorella di Marta Venturini.	☒	❍
6.	Marta dice che il professore ha ucciso Luisa.	☒	❍
7.	Il professore riesce a uscire dalla casa.	❍	☒

18.01.21

10. Che cosa c'è in una borsa?

Die wenigsten werden wohl, so wie Marta, eine Pistole aus ihrer Tasche ziehen. Folgende Gegenstände hingegen eher. Ordnen Sie den Bildern den passenden Begriff zu.

1

2

3

4

5

6

7

8

3 **A** il cellulare

7 **B** il pettine

6 **C** gli occhiali

1 **D** il portafoglio

8 **E** le caramelle

5 **F** la carta bancomat

2 **G** i fazzoletti di carta

4 **H** le chiavi

11. Die Personalpronomen beim Imperativ der 2. Person Singular

Für gewöhnlich stehen Objektpronomen und Reflexivpronomen vor dem konjugierten Verb, wie in diesem Zitat.

"Se mi vuoi vedere, vieni alle tre. Ci vediamo dopo. Ti aspetto!"

„Wenn du mich sehen willst, komm um drei Uhr. Wir sehen uns nachher. Ich warte auf dich."

Beim Imperativ der 2. Person Singular hingegen werden sie direkt angehängt.

"Accomodati."

„Setz dich!"

Wandeln Sie die folgenden Fragen in Befehle um. Die Bildung des Imperativs können Sie in Lektion 5 wiederholen.

1. Mi aiuti? aiutami!
2. Mi guardi? guardami!
3. Gli rispondi? rispondigli!
4. Lo prendi? prendilo!
5. Ti scusi? scusati!
6. Ti alzi? alzati!

Zur Erinnerung: Bei den Kurzformen des Imperativs wird der Konsonant des Pronomens verdoppelt: **Dimmi!** *Sag mir!* **Fallo!** *Mach es!* **Dalle i soldi!** *Gib ihr das Geld!* Nur das Objektpronomen **gli** bleibt unverändert: **Digli la verità!** *Sag ihm / ihnen die Wahrheit!*

12. La data

Wissen Sie noch, an welchem Datum Marta Venturini und Professor Speranza sich zum ersten Mal treffen? Lesen Sie es hier nochmal nach.

È il due agosto, il professor Speranza è appena uscito di casa.

Es ist der zweite August, Professor Speranza ist gerade aus dem Haus gegangen.

Im Italienischen wird das Datum mit dem bestimmten Artikel **il** und einer Grundzahl angegeben. Einzige Ausnahme ist der Monatserste, bei dem Sie, wie im Deutschen, die Ordnungszahl nehmen: **il primo (1°) agosto** *der / am 1. August.*

Ergänzen Sie nun das jeweils angegebene Datum in Worten. Nehmen Sie eventuell für die Monate die Übung 2 zu Hilfe.

1. Oggi è il tre settembre. *(der 3. September)*
2. Quest'anno Pasqua è __________. *(am 16. April)*
3. Natale è __________. *(am 25. Dezember)*
4. Arriviamo __________. *(am 31. Januar)*
5. La Festa del lavoro è __________. *(am 1. Mai)*

Vergessen Sie nicht, dass in Briefen der bestimmte Artikel beim Datum wegfällt: **Como, 03 / 10** oder **Como, 03.10.** *Como, (den) 3.10.*

13. Wichtige Sätze für den Alltag

Die Figuren dieser Geschichte sagen Sätze, die in vielen Alltagssituationen hilfreich sind. Ordnen Sie die italienischen Sätze ihrer deutschen Übersetzung zu.

1. C'è qualcosa che non va?

2. Ci sentiamo presto.

3. No, no, tutto a posto.

4. Vuole lasciare un messaggio?

5. Ho voglia di vederti.

6. Mi dispiace.

7. Con piacere!

8. No, grazie, va bene così.

9. Allora, a presto!

10. Ti ringrazio.

4 **A** *Möchten Sie eine Nachricht hinterlassen?*

8 **B** *Nein danke, es geht schon.*

1 **C** *Stimmt etwas nicht?*

6 **D** *Es tut mir leid.*

2 **E** *Wir hören bald voneinander.*

10 **F** *Ich danke dir.*

9 **G** *Also, bis bald!*

5 **H** *Ich habe Lust, dich zu sehen.*

7 **I** *Gerne!*

3 **J** *Nein, nein, alles okay.*

Als Kommissar Marini bei der Lokalzeitung anruft, grüßt er mit **salve**. Dieser Gruß wirkt lockerer als **buongiorno** *guten Tag* oder **buonasera** *guten Abend*. Sie können damit Personen begrüßen, die Sie gut kennen, unabhängig davon, ob Sie sie duzen oder siezen.

Marta hat eine Pistole aus ihrer Tasche gezogen. Wird es Professor Speranza gelingen zu fliehen? Oder wird Marta auf ihn schießen?

"**Fermo**. Non ti muovere. Se fai un **passo sparo**! Ora ascolta! Ascolta le parole di Luisa, ascolta bene!" Marta comincia a leggere il diario: "Ho paura! Vito mi **minaccia**, dice che devo uscire dalla sua vita. La nostra **relazione va avanti** da un anno. Ma lui è un **mostro**. Se vado alla polizia, lui può dire che sono solo le fantasie di una studentessa. Non mi sento **al sicuro da nessuna parte**…"

"Basta così!" **urla** Vito Speranza.

Il commissario Marini **ha scoperto** che la famiglia Venturini ha una casa a Torno. Prova di nuovo a chiamare la giornalista, ma lei non risponde. Decide allora di andare a cercare la casa. Forse lì c'è qualcuno, forse può fare qualche domanda. Dopo **una ventina** di minuti il commissario parcheggia la sua auto nella piazzetta di Torno e continua **a piedi**.

Il professore è nel panico: "Ti posso spiegare tutto, non è come credi!" Marta lo minaccia ancora con la pistola.

"Adesso mi racconti come hai ucciso mia sorella! Voglio sapere tutto!"

"Ti **giuro** che io non… non volevo! È **la verità**!"

Il commissario Marini è arrivato di fronte alla porta **socchiusa** di casa Venturini. **Bussa** piano. Nessuno risponde.

fermo! – *halt!*
il passo – *Schritt*
sparare – *schießen*
minacciare – *drohen*
la relazione – *Beziehung*
andare avanti – *andauern*
il mostro – *Monster*
al sicuro – *in Sicherheit*
da nessuna parte – *nirgendwo*
urlare – *schreien*
scoprire – *entdecken*
una ventina – *ungefähr zwanzig*
a piedi – *zu Fuß*
giurare – *schwören*
la verità – *Wahrheit*
socchiuso – *angelehnt*
bussare – *anklopfen*

"C'è qualcuno?" chiede ad alta voce.

Marta sente la voce del commissario e si gira verso le scale. Il professore si alza in piedi e **si lancia** contro di lei. I due cadono a terra e poi si sente **un colpo**. Marta si alza e il professore rimane a terra. Perde **sangue**. Il commissario corre su per le scale e vede Marta Venturini **in lacrime** con una pistola in mano.

"Giù la pistola! Adesso!" ordina il commissario. Poi chiama **un'ambulanza** e i suoi colleghi poliziotti. **Si inginocchia** accanto al professor Speranza che **respira a fatica**.

"**Calmo**, stia calmo… l'ambulanza arriva tra poco. Solo qualche minuto." Poi si rivolge a Marta.

"Lei è la sorella **maggiore** di Luisa Venturini, vero?"

Marta guarda il commissario come un **fantasma**.

"Quest'uomo ha ucciso mia sorella. Ho le **prove**."

"Lo so, ma purtroppo La devo **arrestare**."

Da lontano si sente **la sirena dell'ambulanza**. La casa si riempie di poliziotti. Il commissario prende la pistola di Marta e il diario, forse l'unico indizio di un omicidio di vent'anni fa. Esce da quella casa fresca. Fuori fa caldo, troppo caldo. L'acqua del lago è **immobile**, **l'aria** è **umida**, è agosto… ad agosto si sta meglio al mare.

lanciarsi contro qu – *sich auf jmd. stürzen*
il colpo – *Schuss*
il sangue – *Blut*
in lacrime – *in Tränen*
l'ambulanza – *Krankenwagen*
inginocchiarsi – *sich hinknien*
respirare a fatica – *schwer atmen*
calmo – *ruhig*
maggiore – *älter*
il fantasma – *Gespenst*
la prova – *Beweis*
arrestare – *festnehmen*
la sirena dell'ambulanza – *Martinshorn*

immobile – *regungslos*
l'aria – *Luft*
umido – *feucht*

25.01.21

14. La fine del giallo

Haben Sie die aufregenden Ereignisse am Ende des Krimis verstanden? Dann bringen Sie die folgenden Sätze in die richtige Reihenfolge.

3 **A** La porta di casa Venturini è socchiusa e il commissario chiede ad alta voce se c'è qualcuno.

6 **B** Si sente un colpo di pistola.

4 **C** Marta sente la voce del commissario e si gira verso le scale.

8 **D** Arriva l'ambulanza.

2 **E** Il commissario trova la casa della famiglia Venturini a Torno.

7 **F** Quando arriva il commissario, il professore è a terra e Marta è in lacrime con una pistola in mano.

5 **G** Il professore si lancia contro Marta e tutti e due cadono a terra.

1 **H** Marta ordina al professore di ascoltare quello che ha scritto Luisa nel suo diario.

Richtige Reihenfolge: H, E, A, C, G, B, F, D.

15. Alcuni oggetti del giallo

Die folgenden Gegenstände kommen im Krimi vor. Können Sie sie benennen? Ordnen Sie den Bildern die passenden Begriffe zu.

1

2

3

4

5

6

7

5 **A** l'ambulanza

6 **B** il campanello

7 **C** il tavolino

3 **D** il diario

1 **E** l'orologio

2 **F** la pistola

4 **G** la borsa

16. Der verneinte Imperativ der 2. Person Singular

Als die Situation für den Professor unangenehm wird, steht er auf und will weggehen. Marta aber zieht eine Pistole aus der Tasche und befiehlt ihm zu bleiben.

"Fermo. Non ti muovere."

„Halt! Beweg dich nicht!"

Der verneinte Imperativ der 2. Person Singular wird ganz einfach gebildet: *non* (+ Pronomen) + Infinitiv. Wandeln Sie nun die folgenden Befehle in ihre verneinte Form um. Achten Sie dabei in den Sätzen mit Pronomen auf deren Stellung.

1. Ascoltami! ______________________!

2. Raccontaci tutto! ______________________!

3. Va' via! ______________________!

4. Alzati! ______________________!

5. Leggi il diario! ______________________!

6. Rispondi subito! non rispondere subito

Die Pronomen können auch an den Infinitiv angehängt werden. Der Endungsvokal **-e** des Verbs fällt dabei weg:
Non ti alzare! Non alzarti!
Steh nicht auf!

7. A cena con il gatto

la tegola – *Ziegel*
il tetto – *Dach*

fare le fusa – *schnurren*
scartare – *auspacken*
l'acciuga – *Anchovis*
la compagnia – *Gesellschaft*
rotolarsi – *sich rollen*
il buon affare – *gutes Geschäft*
il topo – *Maus*

Vivo a Roma in una casa con poche stanze e una grande finestra, da dove vedo *le tegole* dei *tetti*, la cupola di San Pietro e quella di Sant'Ivo alla Sapienza di Francesco Borromini. Ho sempre desiderato un piccolo appartamento dentro un antico palazzo del centro. E finalmente ci sono riuscito. Nella nuova casa ho subito ricevuto una visita. Un gatto, grigio, tigrato, è entrato dalla finestra, è saltato sul tavolo e si è messo a *fare le fusa*. Torna ogni sera, quando *scarto* la mia pizza con le *acciughe*. A modo suo è molto educato, si annuncia con un "miaooo", prima di saltare sul tavolo. È una buona *compagnia* in questi primi mesi romani. Adora le acciughe. Dopo la cena, inizia a *rotolarsi* sul tavolo e fa di nuovo le fusa. È il suo modo di ringraziare. È anche *un buon affare* per la casa: in cambio di qualche acciuga o pezzettino di grasso tiene lontano *i topi* che corrono sui tetti. Si chiama Romeo.

aggirarsi – *sich herumtreiben*
il secchio della spazzatura – *Mülleimer*
scacciare – *wegjagen*
tirare – *hinterherwerfen*

Al primo piano del palazzo dove vivo c'è un ristorante, sembra molto elegante. Dalla mia finestra vedo il retro della cucina. Spesso vedo Romeo che *si aggira* tra i *secchi della spazzatura*. Un cameriere con la giacca bianca lo *scaccia tirandogli* una scarpa. Poco dopo Romeo entra dalla mia finestra. Vuol dire che la missione al ristorante è fallita. Sono un giornalista e ho anche già pubblicato qualche libro. Il mio ufficio si trova poco fuori le antiche *mura* della città, vicino a Villa Borghese, dentro un piccolo palazzetto di tre piani, con un ascensore *lentissimo*. Sono arrivato a Roma da pochi mesi e non ho molti amici, *tranne* i colleghi con cui lavoro.

2. 2. 21

Roma è una città *unica*. Le opere d'arte si trovano anche dietro l'angolo, fuori da un museo. Esiste anche una visita guidata di alcune chiese, nelle quali si possono *ammirare i dipinti* del famoso pittore milanese Caravaggio. Il tour inizia da Piazza del Popolo e termina dietro Piazza Navona. Tre chiese: Santa Maria del Popolo, la Basilica di Sant'Agostino e San Luigi dei Francesi. Sei dipinti di Caravaggio. Tutto gratis. Nessun altro museo al mondo ti offre tanto. Si possono ammirare tante opere d'arte. Passo così le mie ore libere: dentro una chiesa, in compagnia di una *tela* del Caravaggio e del mio *manuale* di storia dell'arte. Ho conosciuto una ragazza. Vive nel palazzo dove lavoro. Abbiamo preso l'ascensore insieme parecchie volte. Ha i capelli *mossi*, quasi rossi e *la pelle* chiara. Ho provato a *fare una battuta* sulla lentezza dell'ascensore. Si è messa a ridere. Una volta ci siamo incontrati davanti al *portone d'ingresso*. Le ho chiesto: "Ti va un caffè?" Ha accettato. Abbiamo fatto anche una passeggiata lungo il parco di Villa Borghese. Si chiama Marta. Un pomeriggio siamo stati dalle parti di Via Giulia e Piazza Farnese. In quella zona, dentro Palazzo Spada, si trova una cosa molto curiosa. Una statua in fondo a un *colonnato* sembra lontana, invece è molto vicina. È un *inganno*, una falsa prospettiva, creata da Francesco Borromini, un architetto geniale che ha vissuto nella Roma del 1600. Marta si è divertita a *smascherare* l'inganno: è entrata dentro il colonnato, sembrava di stare dentro il box della doccia *messo per lungo*. ▶▷▶

le mura – *Stadtmauern*
lento – *langsam*
tranne – *außer*
unico – *einzigartig*
ammirare – *bewundern*
il dipinto – *Gemälde*
la tela – *Gemälde*
il manuale – *Lehrbuch*
mosso – *wellig*
la pelle – *Haut*
fare una battuta – *einen Witz machen*
il portone d'ingresso – *Eingangstor*
il colonnato – *Säulengang*
l'inganno – *Täuschung*
smascherare – *entlarven*
messo per lungo – *der Länge nach aufgestellt*

1. Il narratore, Marta e Romeo

Haben Sie in groben Zügen verstanden, was der *narratore, der Erzähler,* über sich, Marta und Romeo berichtet? Dann beantworten Sie die Fragen. Es können mehrere Antworten richtig sein.

1. Che cosa sappiamo del narratore?

- ☒ **A** È un giornalista.
- ❍ **B** Vive a Roma da molti anni.
- ☒ **C** Abita nel centro di Roma.
- ❍ **D** Passa le sue ore libere con gli amici.

2. Che cosa sappiamo di Marta?

- ❍ **A** È una collega del giornalista.
- ❍ **B** Ha i capelli neri.
- ☒ **C** Prende spesso l'ascensore con il narratore.
- ☒ **D** Ha accettato di andare a prendere un caffè con il narratore.

3. Che cosa sappiamo di Romeo?

- ❍ **A** È un topo.
- ☒ **B** Ogni sera entra in casa del narratore.
- ☒ **C** Gli piacciono le acciughe.
- ❍ **D** Il cameriere del ristorante gli dà da mangiare.

Der Erzähler und Marta haben den Palazzo Spada besucht. Er ist vor allem für seinen perspektivischen Gang berühmt, der von Francesco Borromini angelegt wurde. Dabei handelt es sich um eine optische Täuschung: Die Säulengalerie wird vom Innenhof zu ihrem Ausgang immer schmaler und der Abstand der Säulen verringert sich in die Ferne, so dass die Galerie viel länger und größer erscheint, obwohl sie in Wirklichkeit nur neun Meter lang ist.

2. Alcuni animali

Un gatto e un topo, eine Katze und eine Maus, sind die tierischen Helden der Geschichte. Können Sie auch die folgenden Tiere auf Italienisch benennen? Ordnen Sie den Bildern die passenden Tiernamen zu.

1

2

3

4

5

6

7

8

7 **A** il coniglio

Hamster
2 **B** il criceto

6 **C** il serpente

8 **D** il canarino

1 **E** il cane

4 **F** la tartaruga

5 **G** il porcellino d'India
guinea pig

3 **H** il cavallo

3. Der absolute Superlativ

Den sehr hohen Grad einer Eigenschaft können Sie mit **molto** + Adjektiv ausdrücken, zum Beispiel **molto lento** *(sehr langsam)*, oder mit der Endung **-issimo**, wie hier im Zitat aus der Geschichte.

Die Bildung des absoluten Superlativs ist ganz einfach. Der Schlussvokal des Adjektivs fällt weg, und stattdessen wird die Endung **-issimo** angehängt:

lento *langsam* > **lentissimo** *sehr langsam*
grande *groß* > **grandissimo** *sehr groß*

Il mio ufficio si trova poco fuori le antiche mura della città, vicino a Villa Borghese, dentro un piccolo palazzetto di tre piani, con un ascensore lentissimo.

Mein Büro befindet sich etwas außerhalb der alten Stadtmauern, in der Nähe der Villa Borghese, in einem kleinen dreistöckigen Gebäude mit einem sehr langsamen Lift.

Wandeln Sie nun die Ausdrücke mit *molto* + Adjektiv in einen absoluten Superlativ mit *-issimo* um. Vergessen Sie dabei nicht, die Endung des Superlativs in Geschlecht und Zahl an das Substantiv anzugleichen, auf das er sich bezieht.

1. Il topo è molto veloce. ______________________
2. Marta è molto simpatica. ______________________
3. Il ristorante è molto elegante. ______________________
4. Caravaggio è molto famoso. ______________________
5. Roma è molto interessante. ______________________.
6. La statua è molto vicina. ______________________

4. Die si-Konstruktion

In dem Satz aus der Geschichte sehen Sie, wie das deutsche *man* im Italienischen wiedergegeben wird. Warum steht das konjugierte Verb in der 3. Person Plural? Versuchen Sie die Regel in der folgenden Übung herauszufinden.

Si possono ammirare tante opere d'arte.

Man kann viele Kunstwerke bewundern.

Kreuzen Sie bei den folgenden Sätzen an, ob nach *si* + Verb ein direktes Objekt im Singular oder im Plural folgt oder eine andere Ergänzung und achten Sie dabei auf das Verb.

	DIR. OBJEKT		ANDERE
	SG	PL	
1. Si ammirano i dipinti di Caravaggio.	○	☒	○
2. Si ammira Piazza Navona.	☒	○	○
3. Si va al museo.	○	○	☒
4. Si passeggia nel parco di Villa Borghese.	○	○	☒
5. Si fanno tante foto.	○	☒	○

Bei der **si**-Konstruktion setzen Sie also das Verb in die 3. Person Plural, wenn nach dem Verb ein direktes Objekt im Plural folgt. In allen anderen Fällen steht das Verb in der 3. Person Singular.

Der Park der Villa Borghese gehört zu den schönsten in Rom. Besonders sehenswert ist aber auch die Galleria Borghese, wo man unter anderem Gemälde von Caravaggio, Leonardo da Vinci und Rafael bewundern kann.

5. Un breve esercizio

Üben Sie nun die Konstruktion mit *si*, indem Sie die jeweils passende Verbform auswählen.

1. A Roma si **può / possono** fare tante cose.
2. Si **visita / visitano** monumenti e luoghi conosciuti.
3. Si **fa / fanno** una passeggiata lungo il Tevere.
4. Si **cerca / cercano** il fresco in uno dei parchi.
5. Si **fa / fanno** shopping.
6. Si **compra / comprano** dei souvenir.

Zwischen dem Erzähler und Marta scheint sich etwas anzubahnen. Und was ist mit Romeo, dem Kater? Welche Rolle wird er spielen?

pazienza! – *was soll's!*

la brillantina – *Haargel*

lucido – *glänzend*

Da qualche giorno osservo i prezzi del ristorante sotto casa. Dall'antipasto al caffè, per due persone, costa quasi 400,00 euro. *Pazienza*, mangerò anch'io un piatto di acciughe come Romeo. Sono entrato e ho prenotato. Ho trovato il cameriere con la giacca bianca. È stato molto gentile. È alto, con un naso lungo e i capelli neri tutti pieni di *brillantina*. Le sue scarpe sono nere e *lucidissime* anche se qualche volta le tira dietro a Romeo. Ha segnato il mio nome sul registro per le nove di sera.

ridicolo – *lächerlich*

Marta è rimasta sorpresa per l'invito. Ha accettato. Ci siamo dati appuntamento davanti al ristorante. Io ho messo un abito scuro con la cravatta, e mi sentivo *ridicolo*. Marta ha indossato un paio di jeans e una giacca di lana. Molto semplice, ma dieci volte più elegante di me. Il cameriere della prenotazione, perfetto nella sua

divisa, ha fatto accomodare Marta. *Alle spalle* di Marta c'era una grande *parete* piena di bottiglie di vino. Abbiamo mangiato molto bene. Poi *è arrivato il turno* del dolce.

Il cameriere è arrivato, ha consegnato i menu, e si è messo in attesa alle mie spalle. La sua divisa però non era più perfetta. Aveva un *bottone* infilato *nell'asola* sbagliata, una scarpa *slacciata* e un *ciuffo* fuori posto. Sembrava affaticato. Ho pensato: forse Romeo questa volta è riuscito a prendere *le salsicce*. Mi è scappato un sorriso. Per questo ho messo il menu dei dolci davanti alla faccia. Poi l'ho abbassato.

la divisa – *Uniform*
alle spalle – *hinter*
la parete – *Wand*
è arrivato il turno di qc – *etw. war an der Reihe*

il bottone – *Knopf*
l'asola – *Knopfloch*
slacciato – *aufgeschnürt*
il ciuffo – *Haarsträhne*
la salsiccia – *Wurst*

In quel momento io e il cameriere abbiamo visto una cosa che ha rischiato di far chiudere la mia storia con Marta e il ristorante.

Un topo, grande come un pacchetto di sigarette, camminava sulle bottiglie dietro le spalle di Marta. Io e il cameriere, con lo sguardo fisso verso la parete alle spalle di Marta, abbiamo *trattenuto il respiro*. E siamo rimasti in silenzio. Ognuno per un *motivo* diverso. Marta non si è accorta di nulla. Poi il topo ha continuato il suo cammino lungo una piccola *mensola*. E il cameriere, con un movimento rapido, si è messo accanto a Marta, per distrarla. Le consigliava un dolce che ricordava il colore della sua pelle. Marta è diventata rossa. Io non ho compreso *l'accostamento*, ma *ho apprezzato* il gesto. Tutti abbiamo salvato qualcosa: io la mia prima uscita con Marta, lui il ristorante, dove lavora.

trattenere il respiro – *die Luft anhalten*
il motivo – *Grund*
la mensola – *Konsole*
l'accostamento – *Kombination (von Farben)*
apprezzare qc – *etw. zu schätzen wissen*

Finito il dolce, ho chiesto il conto. Ero pronto al *salasso*, nonostante il topo. Quando il conto è arrivato al nostro tavolo,

il salasso – *Aderlass*

ho trovato un biglietto con sopra scritto: “La direzione è lieta di offrire la cena ad una coppia così elegante.” Ho fatto subito leggere il biglietto a Marta. Era molto felice. Anch’io ero contento. Ero salvo: il topo era lontano e io avevo *risparmiato un mucchio* di soldi. Forse è stata l’euforia della cena gratis, ma una volta fuori dal ristorante Marta ha alzato lo sguardo e ha detto: “Tu abiti qui?” Dopo qualche minuto, Marta, seduta sul mio divano, *sfogliava* uno dei miei libri. Io ero seduto di fronte. Tra noi due il tavolo dove mangio. Poi è entrato Romeo che di solito, quando arriva, avverte con un *miagolio*. Questa volta no. È saltato sul tavolo e ha posato un topo sulla *copertina* di uno dei miei libri d’arte. Il topo era grande come quello che poco prima aveva quasi distrutto la mia prima *cena galante*. Poi si è messo a *fare i rotoloni*. Marta è rimasta *immobile*, in silenzio. Prima dell’urlo ho preso il topo e l’ho buttato via, poi ho *cacciato* Romeo fuori dalla finestra. Ho anche detto una *bugia*: “Non conosco questo gatto.” Poi mi sono scusato. Marta ha accettato le mie scuse, ma solo dopo aver pulito e ripulito tutto l’ambiente. Mi sento in colpa con Romeo.

Nei giorni seguenti ho aspettato Romeo. Poi una sera ho sentito “miaooo” e l’ho visto che si affacciava dalla finestra. Una *ciotola* piena di pezzetti di grasso e acciughe lo attendeva. I pezzetti di grasso li ha portati Marta, insieme alle sue valigie. ■

risparmiare
– sparen
un mucchio
– einen Haufen

sfogliare
– durchblättern

il miagolio
– Miauen
la copertina
– Umschlag
la cena galante
– romantisches Abendessen
fare i rotoloni
– sich wälzen
immobile
– regungslos
cacciare
– (ver-)jagen
la bugia
– Lüge

la ciotola
– Fressnapf

6. La serata al ristorante

Die Geschichte hat für alle Beteiligten, mit Ausnahme der Maus, einen glücklichen Ausgang. Haben Sie verstanden, wie es zum Happy End kam? Dann kreuzen Sie an, ob die folgenden Sätze richtig oder falsch sind.

		VERO	FALSO
1.	Marta invita il narratore in un ristorante molto caro.	❍	X
2.	Con l'abito scuro e la cravatta il narratore si sente ridicolo.	X	❍
3.	Al momento di scegliere il dolce, un topo cammina dietro le spalle di Marta.	X	❍
4.	Quando il narratore e il cameriere vedono il topo, si mettono a urlare.	❍	X
5.	La cena è costata un mucchio di soldi.	❍	X
6.	Dopo la cena il narratore va a casa di Marta.	❍	X
7.	Romeo entra in casa e posa un topo morto su un libro.	X	❍
8.	Marta per fortuna non si mette a urlare.	X	❍
9.	Il narratore butta via il topo e caccia Romeo fuori dalla finestra.	X	❍
10.	Quando Romeo ritorna nell'appartamento, c'è una ciotola piena di pezzetti di grasso e di acciughe e anche Marta con le sue valigie.	X	❍

23.2.21

Der Erzähler und Marta gehen um neun Uhr ins Restaurant. Ziemlich spät, werden Sie vielleicht denken. Für Italien ist es aber normal. Die meisten Restaurants öffnen nicht vor halb acht oder sogar acht Uhr, und wenn man ungern allein im Saal sitzt, ist es ratsam, sich eher gegen neun einzufinden.

Capi d'abbigliamento

Sie können hier nochmals nachlesen, wie Marta und der Erzähler gekleidet sind. Wiederholen Sie nun die Namen einiger Kleidungsstücke und Accessoires, indem Sie den Bildern den passenden Begriff zuordnen.

Io ho messo un abito scuro con la cravatta, e mi sentivo ridicolo. Marta ha indossato un paio di jeans e una giacca di lana.

Ich habe einen dunklen Anzug und eine Krawatte angezogen und fühlte mich lächerlich. Marta hatte eine Jeans und eine Wolljacke an.

1

2

3

4

5

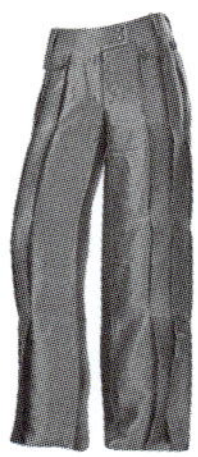

6

6 **A** la gonna

5 **B** i pantaloni

4 **C** la camicetta

2 **D** la sciarpa

3 **E** gli stivali

1 **F** il vestito

8. Altri capi d'abbigliamento

Wiederholen Sie nun weitere Kleidungsstücke und Accessoires, indem Sie die italienischen Begriffe ihrer deutschen Übersetzung zuordnen.

1. il cappotto	D	**A**	die Mütze, die Kappe
2. il berretto	A	**B**	die Turnschuhe
3. i guanti	I	**C**	der Pullover
4. l'impermeabile	G	**D**	der Mantel
5. i sandali	J	**E**	das T-Shirt
6. le scarpe da ginnastica	B	**F**	das Hemd
7. la maglietta	E	**G**	der Regenmantel
8. il maglione	C	**H**	der Gürtel
9. la camicia	F	**I**	die Handschuhe
10. la cintura	H	**J**	die Sandalen

Marta trägt **una giacca di lana** *eine Wolljacke*. Mit der Präposition **di** können Sie angeben, aus welchem Material etwas gefertigt wurde: **una camicetta di seta** *eine Seidenbluse*.

Wozu hingegen ein Gegenstand dient, geben Sie mit der Präposition **da** an: **le scarpe da ginnastica** *die Turnschuhe*, **il costume da bagno** *der Badeanzug*.

9. Das passato prossimo der reflexiven Verben

Sie wissen, dass das **passato prossimo** mit den Hilfsverben **essere** *sein* oder **avere** *haben* gebildet wird. Im Zitat aus der Geschichte sehen Sie zwei Beispiele für ein **passato prossimo** bei reflexiven Verben: **si è accorta, si è messo.**

Alle reflexiven Verben bilden also das **passato prossimo** mit **essere**. Das Partizip Perfekt richtet sich dabei in Geschlecht und Zahl nach dem Subjekt.

Marta non si è accorta di nulla. (...) E il cameriere, con un movimento rapido, si è messo accanto a Marta, per distrarla.

Marta hat nichts bemerkt. (...) Und der Kellner hat sich mit einer schnellen Bewegung neben Marta hingestellt, um sie abzulenken.

Ergänzen Sie nun in den folgenden Sätzen die passende Form des Hilfsverbs sowie die Endung des Partizips.

1. Il gatto si ________ mess____ a fare i rotoloni.

2. Il narratore e Marta si ________ consciut____ nell'ascensore.

3. Marta si ________ divertit____ a smascherare l'inganno.

4. Io e Marta ci ________ dat____ appuntamento alle nove.

5. Io ho fatto una battuta e Marta si ________ mess____ a ridere.

6. Chissà perché Romeo non si ________ annunciat____?

7. Quando ha visto il topo morto, nel primo momento Marta non si ________ moss____.

8. Noi lettori siamo contenti, perché la storia si ________ conclus____ bene.

10.03.21

10. *Alcuni oggetti della storia*

Die abgebildeten Dinge kamen in der Geschichte vor. Können Sie sie benennen? Ordnen Sie den Bildern den passenden Begriff zu.

1

2

3

4

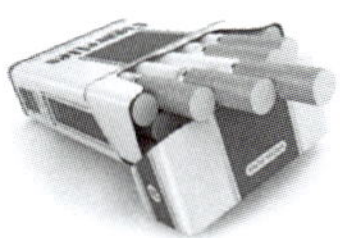
5

6

7

8

6 **A** il bottone

7 **B** il colonnato

8 **C** la ciotola

2 **D** la statua

3 **E** il secchio della spazzatura

1 **F** l'abito

4 **G** il libro

5 **H** il pacchetto di sigarette

8. La figlia del generale

Armando Fraccioni passa quasi tutta la settimana a Roma, mentre sua moglie Angela e la figlia Carolina di 16 anni vivono a Firenze. Fraccioni è generale dell'***esercito*** e gli piace vivere a Roma da solo e tornare il fine settimana dalla sua famiglia. Carolina è una ragazza intelligente. Passa molto tempo al computer: alla sua età sa già programmare e vuole studiare informatica all'università.

l'esercito – *Armee*

Un giorno Fraccioni riceve una notizia: un suo caro amico di Nizza è morto in un ***incidente stradale***. Lui e la moglie devono partire per qualche giorno. Carolina rimane a casa, e Giorgio verrà da lei. Giorgio e Carolina si conoscono da anni, sono ***compagni di scuola***. Passano molto tempo insieme: anche lui è un grande ***appassionato di computer*** e un esperto di sistemi di ***sicurezza*** informatici.

l'incidente stradale – *Verkehrsunfall*

il compagno di scuola – *Schulfreund*

l'appassionato di computer – *Computerfan*

la sicurezza – *Sicherheit*

È venerdì pomeriggio quando i genitori di Carolina partono per la Francia. Quella sera Giorgio arriva a casa di Carolina con una grande borsa.

"Guarda cosa ho qui!" dice mentre apre la borsa e le fa vedere il suo nuovo computer. "L'ho ***assemblato*** io, è superveloce."

assemblare – *hier: zusammenbauen*

"Cosa vuoi fare?" chiede Carolina.

"Stasera entriamo in un sistema importante. Possiamo provare con qualche grande ***azienda***." In quel momento squilla il telefono. Carolina vuole rispondere, ma ***inciampa*** nel filo e il telefono

l'azienda – *Unternehmen*

inciampare – *stolpern*

cade per terra. Carolina lo raccoglie e sotto **la scrivania** del padre vede un **foglietto** attaccato con **lo scotch**. Lo prende e lo legge attentamente. Sul foglietto ci sono solo alcuni numeri e alcune lettere: mf(c)h16-hni.

"Guarda."

"E questo cos'è?" chiede Giorgio.

"Non so... Secondo te?" risponde Carolina ironica.

"Una password: 12 **caratteri**. Sai a che serve?"

"Probabilmente è la password che mio padre usa per il lavoro."

"Quindi vuoi dire che con questa entriamo nel sistema del **Ministero della Difesa**?" chiede Giorgio **stupito**.

"Proviamo!" risponde Carolina con un sorriso.

"E tuo padre?" chiede Giorgio.

"Ma noi siamo bravi e non lasciamo **tracce**! Abbiamo tutto il weekend."

"Sei sicura?"

"Hai **paura**?"

"No. Solo che non dobbiamo fare errori."

"Vado a prendere qualcosa da mangiare in cucina, poi cominciamo!" dice Carolina.

È notte, i due ragazzi **navigano** da ore nell'intranet del Ministero della Difesa, ma non hanno scoperto niente di **eccitante**. Giorgio è stanco, ma Carolina gli fa vedere che su un **angolo** del monitor c'è qualcosa di interessante. Un clic, scrivono la password e...

"Non è possibile!" esclama Carolina.

"Oddio, questa è **roba** pericolosa! **Missili**..." Mentre Giorgio e Carolina leggono, il programma si chiude **all'improvviso**.

"Ci hanno scoperto!" Giorgio spegne subito il computer.

cadere - *fallen*
la scrivania - *Schreibtisch*
il foglietto - *Zettel*
lo scotch - *Klebstreifen*

il carattere - *Zeichen*

il Ministero della Difesa - *Verteidigungsministerium*
stupito - *erstaunt*
la traccia - *Spur*

la paura - *Angst*

navigare - *surfen*
eccitante - *aufregend*
l'angolo - *Ecke*

la roba - *Zeug*
il missile - *Rakete*
all'improvviso - *plötzlich*

"Ma com'è possibile?" chiede Carolina.

"Non lo so, non capisco. Dobbiamo andare via da qui, subito!" dice Giorgio.

"Devo parlare con mio padre, devo dirgli tutto, abbiamo fatto una cosa **stupida**."

stupido
- dumm
pazzo
- verrückt

"Sei **pazza**! Non sappiamo chi ci ha scoperto. Andiamo a casa mia."

Giorgio mette nella borsa il computer e poco dopo i due ragazzi sono sulla vespa di Carolina per le strade di Firenze.

Improvvisamente un'automobile blocca la strada alla vespa. Carolina **frena**. Due uomini escono dalla macchina e portano via Carolina e la borsa con il computer. Giorgio rimane **immobile** per la paura. ▶▷▶

frenare
- bremsen

immobile
- regungslos

1. I personaggi del giallo

Haben Sie in etwa verstanden, was über die Personen des Krimis erzählt wird? Dann beantworten Sie die Fragen. Es können mehrere Antworten richtig sein.

1. Che cosa sappiamo di Carolina?

- **A** Ha sedici anni.
- **B** Studia informatica.
- **C** Sul computer del generale trova delle informazioni pericolose.

2. Che cosa sappiamo di Giorgio?

- **A** È il ragazzo di Carolina.
- **B** È un appassionato di computer.
- **C** Vuole entrare nel sistema di qualche gande azienda.

2. Per arrivare all'università

Lesen Sie den kleinen Auszug aus der Geschichte. Carolina ist sechzehn Jahre alt und schon ziemlich nahe an ihrem Ziel, der Universität. Können Sie die Etappen in der italienischen Schullaufbahn in die richtige Reihenfolge bringen?

Passa molto tempo al computer: alla sua età sa già programmare e vuole studiare informatica all'università.

Sie verbringt viel Zeit am Computer: In ihrem Alter kann sie schon programmieren und will an der Uni Informatik studieren.

3 **A** scuola media

1 **B** scuola materna

4 **C** liceo

2 **D** scuola elementare

Richtige Reihenfolge: B, D, A, C

La scuola materna *der Kindergarten* ist in Italien kostenlos und dauert drei Jahre. Mit sechs Jahren kommen die Kinder in die **scuola elementare** *die Grundschule*. Dort bleiben Sie fünf Jahre. Danach folgt die **scuola media.** Sie dauert drei Jahre und ist obligatorisch. Am Ende dieser drei Jahre gibt es eine Prüfung, die den Zugang zum **liceo** *dem Gymnasium* oder zu einer Berufsfachschule ermöglicht. Nach fünf Jahren Gymnasium bzw. insgesamt 13 Schuljahren, macht man **la maturità** *das Abitur.*

16.03.21

3. Che cosa si spegne?

Carolina und Giorgio gelingt es, eine geheime Datei des Generals zu öffnen. Doch kurz darauf schließt sich das Programm. Was dann folgt, können Sie hier nochmals nachlesen.

Das Verb *spegnere* bedeutet *ausschalten, löschen* und wird nicht nur in Verbindung mit elektrischen Geräten benutzt. Ordnen Sie den Bildern die folgenden Begriffe zu, bei denen ebenfalls *spegnere* verwendet wird.

"Ci hanno scoperto!" Giorgio spegne subito il computer.

„Sie haben uns entdeckt!“, Giorgio schaltet sofort den Computer aus.

1

2

3

4

5

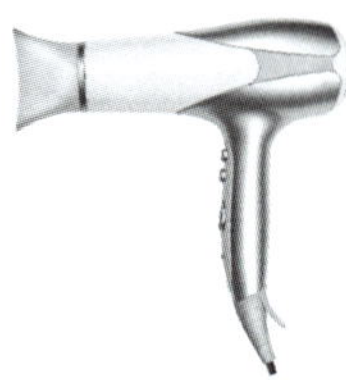

6

3 **A** l'aspirapolvere

1 **B** il rasoio elettrico

2 **C** il fuoco

6 **D** la luce

4 **E** il giradischi

5 **F** l'asciugacapelli

Wer hat Carolina entführt? Hat die Entführung vielleicht mit der geheimen Datei des Vaters zu tun?

Armando Fraccioni e sua moglie stanno dormendo in un albergo di Nizza, quando il cellulare suona. Il generale risponde:

"Pronto?"

"Se vuole rivedere sua figlia, deve fare quello che Le diciamo!"

"Chi parla? È uno **scherzo**?"

In quel momento il generale sente la voce della figlia:

"**Babbo**!"

"Carolina!"

"Vogliamo **i piani** dei missili! Fra tre giorni. Niente polizia. Chiaro?"

"Chi siete?" chiede il generale.

"La chiamiamo noi per dirle come e dove."

Il generale e la moglie prendono il primo aereo per Firenze. **Nel frattempo** il generale ha parlato con Giorgio, che gli ha raccontato cosa è successo.

A casa, il generale trova il biglietto con la password nella stanza della figlia. Capisce subito che Carolina e Giorgio sono entrati nel sistema del Ministero della Difesa e hanno scoperto qualcosa.

"È **colpa** mia... Ho lasciato qui la password," dice il generale alla moglie. Poi telefona a Giorgio e gli chiede di venire subito a casa sua.

"Giorgio, nessuno deve sapere niente dei missili. Ora chiamo un mio amico, un commissario di polizia, ma neanche lui deve sapere, chiaro?"

"Chiaro, signor Fraccioni."

lo scherzo – *Scherz*

il babbo – *Papa*

il piano – *Plan*

nel frattempo – *inzwischen*

la colpa – *Schuld*

in fretta - *schnell*

"Ora dobbiamo stare calmi e pensare **in fretta**!" Subito dopo il generale telefona al commissario. "Ciao Franco, sono Armando. Senti, ti devo parlare di una cosa. Puoi venire subito a casa mia? È molto importante."

"Certo, d'accordo. Tra poco sono lì."

rapito - *entführt*

Dopo circa mezz'ora a casa del generale arriva il commissario Germani. Il generale racconta al suo amico che sua figlia è stata **rapita**, dice che non sa il perché. Il commissario ascolta con molta attenzione:

"E questo giovane, chi è?"

"Ah, scusa. Questo è Giorgio, un amico di mia figlia. Un esperto di computer. Forse può aiutarci."

collegare - *verbinden*

"Sì, posso **collegare** il cellulare del signor Fraccioni e il suo telefono fisso a un programma che ho fatto io. Posso capire da dove vengono le telefonate in venti secondi. Se poi accendono il computer che mi hanno rubato, li posso trovare facilmente."

"Venti secondi? Ma sei più veloce della polizia!" dice il commissario.

"Bene, allora io comincio a lavorare," dice Giorgio e si alza.

Il generale e il commissario rimangono ancora un po' nel salotto a parlare. Poi i due si salutano e il generale entra nello studio, dove Giorgio sta lavorando.

"Come va? "

"Tutto bene. Ancora mezz'ora e poi ho finito."

"Bene, io esco un momento. Torno subito."

"D'accordo."

Il generale esce dallo studio, va in cucina e dalla cucina entra in un'altra piccola stanza. Chiude la porta a chiave e si siede di fronte a un computer. Sul monitor si vede Giorgio nello studio del generale. Fraccioni osserva Giorgio mentre lavora. Il cellulare di Giorgio suona.

"Sì, tutto ok," dice Giorgio.

"Ora non posso parlare, sono a casa del generale. Comunque tutto bene. Lui e il suo amico commissario **si fidano di** me. Non fate del male a Carolina, al resto ci penso io."

fidarsi di qu – *jmd. vertrauen*

"Sì, ci vediamo stasera."

Il generale spegne il computer, poi ritorna nello studio. In quel momento entra anche sua moglie Angela.

"Ci sono novità?" chiede il generale a Giorgio.

Giorgio sta per rispondere, ma il telefono del generale suona.

"Pronto?"

"Generale, domani a mezzanotte con i documenti."

"Ma io non ho tutti i documenti, ne ho solo una parte. Il resto è in una **cassaforte** al ministero e io non posso aprirla."

la cassaforte – *Tresor*

"Generale, se vuole vedere sua figlia viva, deve portare tutti i documenti. Ci vediamo domani sera. Deve venire da solo! Domani Le mandiamo un messaggio con il luogo."

"Va bene. Ma non fate del male a mia figlia!" ▶▷▶

✓ 23.03.24

4. Dopo il rapimento

Konnten Sie den Ereignissen nach Carolinas Entführung folgen? Dann bringen Sie die folgenden Sätze in die richtige Reihenfolge.

A Il generale racconta al commissario che Carolina è stata rapita.

B Il generale va in una stanza da dove può osservare Giorgio.

C Il generale sta dormendo quando riceve una telefonata.

D I rapitori telefonano di nuovo al generale: vogliono che vada da solo a consegnare i piani dei missili.

E Giorgio va a casa del generale e aiuta la polizia a trovare i rapitori.

F Il generale e la moglie prendono il primo aereo per Firenze.

G La persona che telefona vuole i piani dei missili.

Richtige Reihenfolge: ~~c, f, a, g, e, d~~
c, g, f, a, e, b, d ✓

5. Zeitangaben

In diesem Krimi kommen einige Zeitangaben vor. Ordnen Sie den italienischen Ausdrücken die passenden Entsprechungen zu.

1. stasera E
2. domani H
3. fra due anni A
4. da due anni G
5. l'altro ieri B
6. due anni fa D
7. ieri C
8. dopodomani F

A *in zwei Jahren*
B *vorgestern*
C *gestern*
D *vor zwei Jahren*
E *heute Abend*
F *übermorgen*
G *seit zwei Jahren*
H *morgen*

6. Die Stellung der Objektpronomen

In der Regel stehen die Objektpronomen vor dem konjugierten Verb: **gli chiede di venire subito** *er bittet ihn, sofort zu kommen.* Bei konjugiertem Modalverb + Infinitiv kann das Objektpronomen auch an den Infinitiv angehängt werden, wie in dem Beispiel aus der Geschichte. Man hat hier also die Wahl zwischen **può aiutarci** und **ci può aiutare**.

"Questo è Giorgio, un amico di mia figlia. Un esperto di computer. Forse può aiutarci."

„Das ist Giorgio, ein Freund meiner Tochter. Ein Computerexperte. Vielleicht kann er uns helfen."

Üben Sie nun die beiden Stellungen der Objektpronomen und wandeln Sie die hervorgehobenen Satzteile in die jeweilig andere Möglichkeit um. Denken Sie daran, dass das -*e* der Infinitivendung wegfällt, wenn das Objektpronomen an den Infinitiv anhängt wird.

1. Se i rapitori accendono il computer, **li posso trovare** facilmente.
   posso travarli
2. Devo parlare con mio padre, **devo dirgli** tutto.
   gli devo dire
3. Senti, **ti devo parlare**.
   devo parlarti
4. Il resto dei piani è in una cassaforte e io non **posso aprirla**.
   la posso aprire
5. Il generale vuole osservare Giorgio; ma perché **lo vuole osservare**?
   vuole osservarlo

7. Il computer

Auch wenn Sie vielleicht kein Experte sind wie Carolina und Giorgio, könnten einige italienische Bezeichnungen rund um den Computer für Sie interessant sein. Ordnen Sie zuerst die Hardware der passenden Bezeichnung zu. Und im Anschluss die Symbole aus der Arbeit mit Computern.

1

2

3

___ **A** la stampante   ___ **B** la tastiera   ___ **C** il mouse

4

5

6

7

8

4 **D** salvare   6 **E** chiudere   7 **F** stampare

8 **G** copiare   5 **H** cancellare

8. Fragepronomen

Ein Kommissar muss viele Fragen stellen, wie hier im Beispiel. Wiederholen Sie die wichtigsten Fragepronomen, indem Sie den italienischen Ausdrücken die jeweils passende Übersetzung zuordnen.

"E questo giovane, chi è?"

„Und dieser junge Mann, wer ist das?“

1. quando? G
2. perché? D
3. con chi? I
4. come? A
5. che cosa? H
6. per chi? C
7. dove? F
8. fin quando? J
9. quanto? E
10. quale? B

- **A** wie?
- **B** welche / welcher / welches?
- **C** für wen?
- **D** warum?
- **E** wie viel?
- **F** wo?
- **G** wann?
- **H** was?
- **I** mit wem?
- **J** bis wann?

Zur Erinnerung: **quanto** und **quale** richten sich in Geschlecht und Zahl nach dem Substantiv, auf das sie sich beziehen: **Quanti rapitori sono?** *Wie viele Entführer sind es?* **Quali piani vogliono avere i rapitori?** *Welche Pläne wollen die Entführer haben?*

Was wird der General nun tun? Und Giorgio? Gehört er wirklich zu den Bösen und ist einer der Entführer?

il convento
- *Kloster*

ordinare
- *befehlen*

arrestare
- *festnehmen*

il collaboratore
- *Mitarbeiter*

l'arma
(*Pl.* le armi)
- *Waffe*

In un vecchio **convento** a circa dieci chilometri da Firenze, tre uomini sono seduti a un tavolo e parlano.

"Andate a prendere la ragazza," **ordina** uno di loro.

Gli altri due si alzano e vanno in cantina. Carolina è seduta su un letto. La porta si apre lentamente.

"Il capo ti vuole vedere," dice uno dei due.

Carolina è stanca, ma cammina fino a quando si trova davanti al capo della banda. Lui è seduto al tavolo, lei sta in piedi di fronte a lui.

"Se tutto va bene, domani sera sei libera."

"Mio padre vi farà **arrestare**."

L'uomo si alza e chiede:

"Sai chi è tuo padre? Un criminale. Lo conosco da vent'anni. Ero un suo **collaboratore**. Poi un giorno ho scoperto che vende **armi** ai terroristi di tutto il mondo."

"Non è vero, mio padre non è un criminale!" grida Carolina.

"Il tuo amico Giorgio può dirti tutto."

"Giorgio?" Carolina non capisce.

"Giorgio controlla da mesi i computer di tuo padre."

"Non ci credo. Non è possibile!"

In quel momento si sente il rumore di un'automobile. Uno dei due uomini esce. Poco dopo entra Giorgio.

"Carolina, mi dispiace, ma è tutto vero," dice Giorgio.

In quel momento arriva un elicottero. Poi una voce:

"Polizia! Uscite con le mani in alto."

I quattro uomini escono dal ***casolare*** con le mani alzate. Tre mesi dopo sono in ***tribunale***, sono accusati del ***rapimento*** di Carolina Fraccioni. C'è anche il generale, è lì come ***testimone***. Ma è accompagnato da due agenti della polizia, e dopo ***la testimonianza*** torna subito in cella. ■

il casolare – *(abgelegenes) Landhaus*
il tribunale – *Gericht*
il rapimento – *Entführung*
il testimone – *Zeuge*
la testimonianza – *Zeugenaussage*

13.04.21

9. La fine del giallo

Haben Sie verstanden, was nach dem letzten Anruf der Entführer passiert ist? Dann kreuzen Sie an, ob die folgenden Aussagen richtig oder falsch sind.

	VERO	FALSO
1. Carolina è nella cantina di un convento.	X	○
2. Il capo della banda era un collaboratore del generale.	X	○
3. Giorgio riesce a liberare Carolina.	○	X
4. La polizia arresta Giorgio e gli altri tre uomini della banda.	X	○
5. Il padre di Carolina è un terrorista.	○	X
6. Anche il padre di Carolina è stato arrestato.	X	○

10. Ortsangaben

Wenn Sie - wie im Textausschnitt - beschreiben wollen, wo sich etwas befindet, müssen Sie Ortsangaben verwenden, wie zum Beispiel *vicino a (neben)* oder *a sinistra di (links von)*. Vervollständigen Sie die Beschreibung des Fotos mit den angegebenen Ortsangaben.

Carolina è stanca, ma cammina fino a quando si trova davanti al capo della banda. Lui è seduto al tavolo, lei sta in piedi di fronte a lui.

Carolina ist müde, aber sie geht weiter, bis sie vor dem Anführer der Bande steht. Er sitzt am Schreibtisch, sie steht ihm gegenüber.

sul • davanti al • nel mezzo della • accanto al • a destra del • dietro

1. ______________________ foto c'è un tavolo. **2.** ______________________ tavolo c'è un pc. Ci sono anche due piante. La pianta piccola è **3.** ______________________ pc, quella grande è per terra, **4.** ______________________ tavolo. **5.** ______________________ tavolo c'è una sedia molto elegante e **6.** ______________________ si vede la parete bianca.

9. LE MIE VACANZE IN TRENTINO

È un complotto.

Il dottore ha consigliato **ARIA** di montagna per i bambini e mio marito ne **HA APPROFITTATO** subito per portare a casa **DÉPLIANT** e guide turistiche sulle Dolomiti. Io non ho detto nulla. Voglio andare al mare e basta.

Per puro caso, qualche giorno dopo, mi è **CAPITATO TRA LE MANI** un vecchio libro di **MARIO RIGONI STERN**. Forse per nostalgia dei tempi della scuola, ho avuto voglia di **SFOGLIARLO**. La lettura mi ha catturato: la vita dura di montagna, gli insegnamenti della natura, insomma per un momento ho considerato l'idea di fare **UNA BUONA VOLTA** questa nuova esperienza: la montagna può regalare belle emozioni.

L'indomani però **MI SONO IMBATTUTA** in una **SVENDITA** di costumi da bagno, ne ho comprati dieci e ho dimenticato Rigoni Stern.

Così, l'astuto marito ha giocato l'unica carta possibile: il **SENSO DI COLPA** materno.

Dopo un'altra influenza dei piccoli, mi ha detto con noncuranza: "Se proprio vuoi prenotare al mare…"

FURIBONDA, ho alzato le braccia: "E va bene. Andiamo sulle Dolomiti, ma occupati tu di tutto."

Dopo questa conversazione non ho più toccato l'argomento, ma **CONFESSO** di essere andata su internet alla ricerca di ispirazioni per l'abbigliamento da montagna. Ho capito che per superare

l'aria – *Luft*
approfittare – *ausnutzen*
il dépliant – *Prospekt*
capitare tra le mani a qu – *jdm. in die Hände fallen*
Mario Rigoni Stern – *Schriftsteller (1921–2008)*
sfogliare – *durchblättern*
una buona volta – *endlich einmal*
imbattersi in qc – *auf etw. stoßen*
la svendita – *Ausverkauf*
il senso di colpa – *Schuldgefühl*
furibondo – *wutentbrannt, wütend*
confessare – *zugeben, gestehen*

il trauma dovevo concentrarmi su qualcosa di divertente.

Così ho comprato quantità di deliziosi pantaloncini da **ESPLORATORE**, scarponcini **A PROVA DI VIPERA** e maglie in **TESSUTO** tecnico. E poi cappellini colorati, occhiali da sole e zainetti con mille tasche.

l'esploratore - *Entdecker*
a prova di vipera - *..., die sicheren Schutz gegen Vipern bieten*
il tessuto - *Stoff*

Per la prima volta da quando siamo sposati mio marito non ha fatto alcun commento sullo shopping, **SI È LIMITATO** ad alzare gli occhi al cielo e a **GRATTARSI** la testa.

limitarsi - *sich beschränken*
grattarsi - *sich kratzen*

1. MARE O MONTAGNA?

Für die Erzählerin, *la narratrice*, kommt nur ein Urlaub am Meer in Frage. Am Ende stimmt sie dem Urlaub in den Dolomiten zu. Haben Sie verstanden, wie es zu diesem Meinungswechsel gekommen ist? Dann bringen Sie die folgenden Sätze in die richtige Reihenfolge.

A La narratrice vede una svendita di costumi da bagno e dimentica la montagna.

B Il marito gioca la carta del senso di colpa materno.

C Il dottore ha consigliato aria di montagna per i bambini.

D La narratrice si arrende e compra abbigliamento da montagna in grande quantità.

E Dopo la lettura di un libro di Mario Rigoni Stern, la narratrice pensa che andare in montagna potrebbe essere un'esperienza positiva.

F I bambini si ammalano di nuovo.

Richtige Reihenfolge: ______________________

2. EQUIPAGGIAMENTO DA MONTAGNA

Für den Wanderurlaub kauft die Erzählerin die passende Ausrüstung. Können Sie den Bildern die entsprechenden Begriffe zuordnen?

1

2

3

4

5

6

7

8

A i pantaloncini

B gli occhiali da sole

C il piumino

D lo zainetto

E la crema solare

F gli scarponcini

G il cappellino

H il pile

Substantive mit den Nachsilben **-ino** und **-etto** sind Verkleinerungsformen: **i pantaloni** *die Hose*, **i pantaloncini** *die kleine / kurze Hose*, **lo zaino** *der Rucksack*, **lo zainetto** *das Rucksäckchen*.

3. DIE ZWEITEILIGE VERNEINUNG

Neben den beiden einfachen Verneinungen *no (nein)* und *non (nicht)* gibt es im Italienischen mehrere zweiteilige Verneinungen, wie zum Beispiel *non … nulla (nichts)* oder *non … più (nicht mehr)*. Lesen Sie dazu die beiden folgenden Ausschnitte.

IO NON HO DETTO NULLA. VOGLIO ANDARE AL MARE E BASTA.

Ich habe nichts gesagt. Ich will ans Meer und Schluss.

DOPO QUESTA CONVERSAZIONE NON HO PIÙ TOCCATO L'ARGOMENTO…

Nach dieser Unterhaltung habe ich das Thema nicht mehr angesprochen …

Wiederholen Sie nun die Bedeutung der wichtigsten zweiteiligen Verneinungen, indem Sie den italienischen Beispielen die dazugehörigen Übersetzungen zuordnen.

1. **Non** cerco **nulla** / **niente**.
2. **Non** cerco **nessuno**.
3. **Non** cerco **più** sul web.
4. **Non** cerco **mai** sul web.
5. **Non** cerco **neanche** / **nemmeno** / **neppure** sul web.

- A Ich suche **nie** im Web.
- B Ich suche **nichts**.
- C Ich suche **nicht einmal** im Web.
- D Ich suche **niemanden**.
- E Ich suche **nicht mehr** im Web.

4. DIE STELLUNG DER VERNEINUNGSELEMENTE

Üben Sie nun die Stellung der Verneinungselemente, indem Sie aus den angegebenen Satzteilen jeweils einen Satz bilden. Denken Sie daran, dass *non* vor dem (Pronomen +) konjugierten Verb steht, das zweite Verneinungselement hingegen danach: *Non cerco niente. Ich suche nichts. Non lo voglio più. Ich will es / ihn nicht mehr.*

1. mai | vado | Io non | in montagna

____

2. a nessuno | non | scrivo | Dalle vacanze

____

3. niente | online | Non | compro

____

4. prenoto | una camera | nemmeno | Non | online

____

5. andare | più | mi piace | Non | al mare

____

Im **passato prossimo** umschließen die Verneinungselemente das Verb:

Non ho detto nulla. *Ich habe nichts gesagt.*

Non ho visto nessuno. *Ich habe niemanden gesehen.*

Bei **non … più** *nicht mehr* und **non … mai** *nie* stehen dagegen **più** und **mai** direkt nach dem Hilfsverb:

Non ho più toccato l'argomento. *Ich habe das Thema nicht mehr angesprochen.*

Non siamo mai stati sulle Dolomite. *Wir sind nie in den Dolomiten gewesen.*

5. NE BEI MENGENANGABEN

Ne ersetzt bei Mengenangaben zuvor genannte Sachen bzw. Personen, von denen eine Teilmenge angegeben wird. Im Deutschen ist die Übersetzung von **ne** *(davon)* meist nicht nötig.

In dem Zitat aus der Geschichte sind die zehn Badeanzüge eine Teilmenge der gesamten Menge der angebotenen Waren. Dabei richtet sich das Partizip Perfekt in Verbindung mit **ne** in Geschlecht und Zahl nach dem direkten Objekt, also im Beispiel richtet sich **comprati** nach **dieci** (also **dieci costumi da bagno**).

L'INDOMANI PERÒ MI SONO IMBATTUTA IN UNA SVENDITA DI COSTUMI DA BAGNO, NE HO COMPRATI DIECI E HO DIMENTICATO RIGONI STERN.

Am nächsten Tag jedoch bin ich auf einen Ausverkauf von Badeanzügen gestoßen. Ich habe zehn (*wörtl.* davon) gekauft und Rigoni Stern dabei vergessen.

Nun sind Sie dran.
Ergänzen Sie bei den Antworten die fehlenden Endungen des Partizips.

1. + Hai comprato delle magliette?

* Certo, ne ho comprat____ dieci.

2. + Hai comprato dei pantaloncini?

* Sì, ne ho comprat____ cinque.

3. + Avete visto delle vipere?

* Ne abbiamo vist____ una.

4. + Hai preso dei dépliant?

* Ne ho pres____ solo uno.

Die Erzählerin kann zum Glück dem bevorstehenden Wanderurlaub doch noch etwas Erfreuliches abgewinnen – und wenn es auch nur der Spaß am Shoppen ist. Und wenn der Ehemann beim Anblick der Einkäufe sich zuerst lediglich ratlos am Kopf kratzt, anstatt wie sonst herumzunörgeln, dann steht einem entspannten Urlaub nichts mehr im Wege. Oder vielleicht doch?

Luglio è arrivato **IN UN BATTIBALENO**: fare i bagagli è stato semplice. Ho rovesciato le buste degli ultimi acquisti in valigia e ho aspettato soddisfatta il rientro di mio marito dall'ultimo giorno di lavoro.

Quando è tornato a casa ha fissato perplesso i due grandi trolley all'ingresso. "Forse è meglio mettere tutto in due grandi zaini."

"Zaini? Stai scherzando?"

"Credevo di avertelo detto: c'è un pezzo di strada da fare per raggiungere **IL RIFUGIO**. Le auto non ci arrivano. Dobbiamo andare a piedi."

"Che cosa?!? E chi porterà le valigie?"

"**APPUNTO**. Servono due zaini e dobbiamo portarli su noi. In spalla."

È un complotto. Nessuno me lo toglie dalla testa. Probabilmente sono finita in uno di quei reality in cui tutti sono d'accordo a **FARE IMPAZZIRE** il povero protagonista. Ma non do a nessuno la **SODDISFAZIONE** di vedermi **VACILLARE**.

Preparo gli zaini in uno stato di distacco zen e vado a dormire.

Il viaggio da Roma a Bolzano è lungo, ma stranamente le sette ore in auto volano. I bambini sono tranquilli: contano tutte le macchine rosse e poi tutte quelle bianche, mangiano i loro panini e giocano con le carte senza litigare neppure una volta. Facciamo **UNA SOSTA** a metà strada per un caffè in autogrill e per usare il bagno.

in un battibaleno – *im Nu*

il rifugio – *Berghütte*

appunto – *eben*

fare impazzire qu – *jmd. in den Wahnsinn treiben*

la soddisfazione – *Genugtuung*

vacillare – *wanken*

la sosta – *Halt*

Io sono silenziosa, non ho ancora **MANDATO GIÙ** l'idea di trascorrere le ferie in montagna, sono molto spaventata dalla **FATICA** fisica e dalle **PROVE DI SOPRAVVIVENZA** che mi aspettano. Mio marito ha adottato una strategia precisa e diabolica: non raccoglie il mio **MALUMORE** e **INCITA** i bambini all'entusiasmo. Loro iniziano a fare elenchi di luoghi da esplorare, di animali da vedere e di avventure da vivere. Del resto, il loro entusiasmo è **CONTAGIOSO** e ascoltarli ridere e chiacchierare mi strappa un sorriso.

E comunque ormai è fatta: siamo quasi arrivati.

La salita lungo **I TORNANTI** mi mette a dura prova: mi sono dovuta concentrare davvero molto per non **VOMITARE** tutto il tramezzino dell'autogrill.

Ma il peggio deve ancora venire. Mio marito parcheggia l'auto: "Avanti, zaini in spalla e scarponcini ai piedi! Dobbiamo arrivare al rifugio prima del **TRAMONTO**."

Tutta questa determinazione comincia a irritarmi. Sono così nervosa che metto in spalla uno degli zaini e senza guardarmi attorno prendo **IL SENTIERO** di montagna e cammino a testa bassa come un **MULO**.

Sì, ha tutta l'aria di un complotto.

Loro mi seguono, li sento **TROTTERELLARE** alle mie spalle. Ho appena preso il passo e mi accorgo che si sono fermati. Mio marito ha la cartina in mano, i bambini **FRUGANO** tra **I CESPUGLI** in cerca

mandare giù – *verdauen, schlucken*
la fatica – *Anstrengung*
la prova di sopravvivenza – *Überlebens-probe*
il malumore – *schlechte Laune*
incitare – *anregen*
contagioso – *ansteckend*
il tornante – *Kehre*
vomitare – *erbrechen*
il tramonto – *Sonnen-untergang*
il sentiero – *Weg*
il mulo – *Maulesel*
trotterellare – *trippeln*
frugare – *(herum)wühlen*
il cespuglio – *Busch*

di **TESORI**. Troveranno una **CACCA**, me lo sento. Voglio intervenire, ma non ne ho il tempo.

"Proseguiamo, ci siamo quasi." Riprendiamo la marcia. **MI ARRAMPICO** su sentieri rocciosi, **HO IL FIATONE**. I piccoli invece sembrano **CAPRETTE** e saltellano leggeri.

Io ho caldo, ho paura di scivolare, sento il peso dello zaino che mi riporta a valle, non vedo l'ora di arrivare. ▶▷▶

il tesoro *- Schatz*
la cacca *- Kacke*
arrampicarsi *- klettern*
avere il fiatone *- außer Atem sein*
la capretta *- Zicklein*

6. PREPARATIVI E VIAGGIO

Haben Sie verstanden, was am Vortag der Abreise und während der Fahrt in die Dolomiten passiert ist? Beantworten Sie dann die folgenden Fragen. Mehrere Antworten können richtig sein.

1. Che cosa fa la narratrice?

- ❍ **A** Mette gli ultimi acquisti in due trolley.
- ❍ **B** Durante il viaggio ride e chiacchiera con i bambini.
- ❍ **C** Durante la salita in montagna vomita il tramezzino dell'autogrill.
- ❍ **D** Sale come un mulo su per il sentiero di montagna.

2. Che cosa fa il marito?

- ❍ **A** Dice alla moglie che è meglio mettere tutto in due zaini.
- ❍ **B** Dice che le macchine non arrivano al rifugio.
- ❍ **C** Litiga con la moglie perché questa è di malumore.
- ❍ **D** Con i bambini conta le machine rosse e poi quelle bianche.

3. Che cosa fanno i bambini?

- ❍ **A** Litigano durante tutto il viaggio.
- ❍ **B** Fanno elenchi di cose che possono fare in montagna.
- ❍ **C** Sul sentiero di montagna frugano nei cespugli.
- ❍ **D** Sui sentieri rocciosi hanno il fiatone.

7. STARE + GERUNDIO

Die Erzählerin packt alles in zwei große Trolleys. Als ihr Mann meint, es sei besser, alles in zwei Rucksäcke zu packen, reagiert sie entrüstet. Sie verwendet dabei die Konstruktion **stare + gerundio**. Diese beschreibt ein Geschehen, das gerade stattfindet, man ist gerade dabei etwas zu tun. Das Verb **stare** wird dabei im Präsens konjugiert.

"ZAINI? STAI SCHERZANDO?"

„Rucksäcke? Machst du (gerade) Witze?“

Beschreiben Sie nun, was die Leute gerade tun, indem Sie den Bildern die passenden Sätze zuordnen.

1

2

3

4

___ **A** Stanno giocando.

___ **B** Sta dormendo.

___ **C** Sta facendo jogging.

___ **D** Stanno ridendo.

8. PER ESERCITARE STARE + GERUNDIO

Die Bildung des **gerundio** ist einfach: Die Verben auf **-are** erhalten die Endung **-ando**, die Verben auf **-ere** und **-ire** die Endung **-endo:**

camminare *gehen* > **camminando**

leggere *lesen* > **leggendo**

partire *verreisen, weggehen* > **partendo**

Einige Verben haben ein unregelmäßiges **gerundio:**

bere *trinken* > **bevendo**

fare *tun, machen* > **facendo**

dire *sagen* > **dicendo**

Und jetzt noch eine gute Nachricht: Das **gerundio** bleibt immer unverändert.

Beantworten Sie nun die folgenden Fragen mit *stare + gerundio*. Benutzen Sie dabei die Angaben in Klammern. Die Konjugation von *stare* können Sie bei Bedarf in der Lektion 5 nochmals nachlesen.

1. + Che cosa stai facendo?

* ______________________ le valigie. *(io – fare)*

2. + Che cosa stanno facendo i bambini?

* ______________________ le macchine rosse. *(loro – contare)*

3. + Che cosa sta facendo tuo marito?

* ______________________ un caffè. *(lui – bere)*

4. + Che cosa state facendo?

* ______________________ a carte. *(noi – giocare)*

5. + Che cosa stai facendo?

* ______________________ il sole. *(io – prendere)*

9. GEMÜTSZUSTÄNDE

In dieser Geschichte geht es auch um Gemütszustände. Lesen Sie in dem Ausschnitt nach, wie sich die Erzählerin während der Fahrt in die Dolomiten fühlt.

Wiederholen Sie nun einige Adjektive zur Beschreibung von Gemütszuständen, indem Sie den italienischen Wörtern die jeweils passende Übersetzung zuordnen.

IO SONO SILENZIOSA, NON HO ANCORA MANDATO GIÙ L'IDEA DI TRASCORRERE LE FERIE IN MONTAGNA, SONO MOLTO SPAVENTATA DALLA FATICA FISICA E DALLE PROVE DI SOPRAVVIVENZA CHE MI ASPETTANO.

Ich bin schweigsam. Ich habe die Idee, den Urlaub in den Bergen zu verbringen, noch nicht ganz verdaut. Ich habe große Angst vor der körperlichen Anstrengung und den Überlebensproben, die mich erwarten.

1.	soddisfatto	**A**	gerührt
2.	nervoso	**B**	erschreckt
3.	entusiasta	**C**	wütend
4.	irritato	**D**	nervös
5.	tranquillo	**E**	perplex
6.	furibondo	**F**	irritiert
7.	commosso	**G**	zufrieden
8.	perplesso	**H**	ruhig
9.	spaventato	**I**	begeistert

Einige Adjektive enden auch in der männlichen Form auf **-a**, wie **entusiasta: Il marito è entusiasta**. *Der Ehemann ist begeistert.* Den männlichen Plural bilden diese Adjektive auf **-i**: **I bambini sono entusiasti.** *Die Kinder sind begeistert.*

Die Erzählerin hat alle Mühe, den steilen Bergpfad hochzusteigen. Ob sich die Anstrengung auch lohnt?

Dopo qualche curva, vediamo in alto una graziosa costruzione con **TETTI SPIOVENTI**, il cielo si tinge di rosa e tutt'attorno, come una corona, **LE VETTE** della **VAL DI FIEMME**.

Per la prima volta mi rendo conto del silenzio che ci **CIRCONDA**. Devo essere sincera, da qui la vista è molto **SUGGESTIVA**, quasi **COMMOVENTE**. Ancora poche centinaia di metri e arriviamo al rifugio. Si tratta di un maso, un'abitazione povera, quasi interamente di legno, tipica di queste zone, dove tradizionalmente i contadini e gli allevatori vivevano e tenevano le proprie **BESTIE DA PASCOLO**.

"Quindi dormiremo in una **STALLA**?"

Mio marito mi sorride: "Per te solo stalle a cinque stelle, però!"

Voglio rispondere, ma incontriamo il personale che ci accoglie gioviale e **INDAFFARATO**.

Ci viene mostrata la nostra stanza, in perfetto stile montanaro minimale: **RIVESTIMENTI** in legno, biancheria candida, pochi **SOPRAMMOBILI** e una grande finestra sulle **TORRI DEL LATEMAR**, che sembrano ghiacciate e brillano nella luce rosa del tramonto.

Finalmente posiamo gli zaini e **MALEDICO L'ENNESIMO** paio di pantaloncini portati "perché non si sa mai". Mi sento distrutta.

Mentre i bambini saltano da un letto all'altro e si arrampicano dove possono come **SCIMMIE**, mio marito mi **COGLIE ALLA SPROVVISTA** con un abbraccio e così tutte le tensioni sembrano sciogliersi.

Dopo una rapida doccia, ci dirigiamo nella veranda dell'albergo dove il personale ci mostra il ricco buffet con prodotti del luogo:

il tetto spiovente – *Giebeldach*
la vetta – *Gipfel*
la Val di Fiemme – *Fleimstal*
circondare – *umgeben*
suggestivo – *beeindruckend*
commovente – *rührend*
le bestie da pascolo – *Weidevieh*
la stalla – *Stall*
indaffarato – *(sehr) beschäftigt*
il rivestimento – *Verkleidung*
i soprammobili – *Nippes*
le Torri del Latemar – *Latemartürme*
maledire – *verfluchen*
ennesimo – *x-ter*
la scimmia – *Affe*
cogliere alla sprovvista – *überrumpeln*

speck e formaggi serviti con miele, frutta fresca e conserve di frutti di bosco, Schüttelbrot e **CANEDERLI** in brodo. E poi varie specialità di carne, dal **CERVO** al **CAMOSCIO**.

SOTTO SOTTO comincio a divertirmi.

Attorno, il cielo si fa **INCANDESCENTE**, i bambini hanno già trovato coetanei con cui giocare.

"Sono sicuro che questa vacanza ti piacerà", mi **SUSSURRA** mio marito mentre fa **TINTINNARE** il mio bicchiere con il suo.

"Continua a **IMPEGNARTI**, siamo sulla buona strada!"

i canederli – *Knödel*
il cervo – *Hirsch*
il camoscio – *Gämse*
sotto sotto – *insgeheim*
incandescente – *rot glühend*
sussurrare – *flüstern*
tintinnare – *klirren*
impegnarsi – *sich Mühe geben*

10. L'ARRIVO

Haben Sie verstanden, was die Erzählerin am Urlaubsort vorfindet? Dann kreuzen Sie an, ob die folgenden Sätze richtig oder falsch sind.

	VERO	FALSO
1. Nella Val di Fiemme c'è un grande silenzio.	❍	❍
2. Quando la famiglia arriva al rifugio, non c'è nessuno.	❍	❍
3. La famiglia dorme in una stalla.	❍	❍
4. I bambini arrivano distrutti e vanno subito a letto.	❍	❍
5. L'albergo offre un ricco buffet con prodotti locali.	❍	❍
6. La narratrice è contenta e abbraccia il marito.	❍	❍
7. La narratrice comincia a divertirsi.	❍	❍

11. ANIMALI

Die meisten der hier abgebildeten Tiere kamen in dieser Geschichte vor. Ordnen Sie den Bildern die passenden Tiernamen zu.

___ **A** la pecora

___ **B** la scimmia

___ **C** la capretta

___ **D** lo scoiattolo

___ **E** la marmotta

___ **F** la vipera

___ **G** la mucca

___ **H** il mulo

10. Colpo di fulmine a Milano

Lei si chiama Lisetta.

sinuoso – *kurvenreich*
il commercialista – *Steuerberater*

È bella, bellissima, leggera e **sinuosa**.

Io sono Fabio, **commercialista**, 34 anni.

il cenno – *Zeichen*

Mi sono innamorato di lei appena l'ho vista. Ero con un amico, lui mi ha fatto un **cenno**, io ho posato gli occhi su di lei ed è stato amore a prima vista.

accarezzare – *streicheln*
la timidezza – *Schüchternheit*

La prima volta l'ho **accarezzata** con **timidezza**, poi non ci siamo più separati.

La mattina faccio colazione al bar e la prendo per andare al lavoro.

in fretta – *eilig*
distratto – *zerstreut, unaufmerksam*
andare a spasso – *spazieren gehen/fahren*

Io abito a Lambrate, il quartiere in cui vivo da quando studiavo all'università. Andiamo in centro insieme, dove c'è il mio ufficio, proprio in una stradina alle spalle del Duomo. Con lei il tempo vola e non voglio arrivare così **in fretta**: lasciarla in strada, con un saluto **distratto**, mi mette tristezza. Vorrei **andare a spasso** per la città e non dovermi separare da lei.

fantasticare – *fantasieren*
splendente – *strahlend*

Allora inizio a **fantasticare**, conto le ore che mancano alla fine della giornata lavorativa, perché so che, uscito dal portone dello studio, Lisetta sarà lì ad aspettarmi, **splendente** e meravigliosa. E poi penso al fine settimana e a tutte le passeggiate che potremo fare insieme.

Da quando è mia, sono cambiato. ▶▷▶

1. Il colpo di fulmine

Haben Sie den Anfang der Liebesgeschichte verstanden? Dann kreuzen Sie an, ob die folgenden Sätze richtig oder falsch sind.

	VERO	FALSO
1. Lisetta è un'amica di Fabio.	❍	❍
2. È molto bella.	❍	❍
3. Fabio si è subito innamorato di Lisetta.	❍	❍
4. Fabio e Lisetta lavorano insieme.	❍	❍
5. Da quando conosce Lisetta, sul lavoro Fabio si concentra molto bene.	❍	❍
6. Quando Fabio esce dall'ufficio, Lisetta lo aspetta davanti al portone.	❍	❍

2. Il lessico dell'amore

Die Liebesgeschichte zwischen Fabio und Lisetta beginnt wie in einem Bilderbuch. Finden Sie zu den italienischen Begriffen rund um Beziehungen die passende Übersetzung.

1. il colpo di fulmine	**A** küssen
2. innamorarsi	**B** heiraten
3. accarezzare	**C** sich umarmen
4. baciare	**D** sich scheiden lassen
5. abbracciarsi	**E** Liebe auf den ersten Blick
6. sposarsi	**F** sich trennen
7. separarsi	**G** streicheln
8. divorziare	**H** sich verlieben

3. Direkte Objektpronomen + passato prossimo

Wenn ein Verb das **passato prossimo** mit dem Hilfsverb **avere** bildet, endet das Partizip Perfekt auf **-o: Ho accarezzato Lisetta.** *Ich habe Lisetta gestreichelt.*

Wenn vor dem **passato prossimo** ein direktes Objektpronomen **(lo, la, li, le)** steht, dann richtet sich das Partizip Perfekt in Geschlecht und Zahl nach dem vorangehenden direkten Objektpronomen, dabei werden **lo** und **la** apostrophiert:

L'ho vista. *Ich habe sie gesehen.*

L'ho visto. *Ich habe ihn gesehen.*

Li und **le** werden jedoch **nie** apostrophiert.

Lei si chiama Lisetta. (...) La prima volta l'ho accarezzata con timidezza, poi non ci siamo più separati.

Sie heißt Lisetta. (...) Beim ersten Mal habe ich sie schüchtern gestreichelt, dann haben wir uns nicht mehr voneinander getrennt.

Ergänzen Sie nun in den folgenden Sätzen die fehlenden Pronomen und die Endungen des Partizips.

1. Hai visto Lisetta ieri sera?

Certo, ______ ho vist_____ insieme a Fabio.

2. Hai visto anche i colleghi?

Sì, ______ ho incontrat_____ all'entrata del cinema.

3. E Carla e Mariella?

No, loro non ______ ho viste_____.

4. E il capufficio?

Lui ______ ho incrociat_____ all'uscita.

4. Per ripetere un po'

Wiederholen Sie nun die direkten Objektpronomen zusammen mit den indirekten Objektpronomen. Ordnen Sie den Bildern den jeweils passenden Satz zu. Ein Satz passt zu mehreren Bildern.

___ **A** Ieri sera non l'ho visto.

___ **B** Le ho invitate a casa mia.

___ **C** L'ho incontrata in città.

___ **D** Li ho salutati gentilmente.

___ **E** Gli ho mandato un invito.

___ **F** Non le ho raccontato niente.

Das Pronomen **le** kann sowohl direktes als auch indirektes Objektpronomen sein. Die Endung des Partizips verändert sich beim **passato prossimo** jedoch nur, wenn es ein direktes Objektpronomen ist.
Ist der Satz verneint, steht **non** vor dem Pronomen:
Non le ho viste. *Ich habe sie nicht gesehen.*

Fabio scheint bis über beide Ohren in seine Lisetta verliebt zu sein. Aber inwiefern hat sich sein Leben durch sie verändert?

il malessere - *Unbehagen*

concepire - *sich vorstellen*

immerso nella natura - *mitten in der Natur*

godere - *genießen*

ovunque - *überall(hin)*

la sintonia - *Harmonie*

l'imprevisto - *Unvorhergesehenes*

la meraviglia - *Wunder*

nascondere - *verstecken*

Un tempo la mia vita era tutta lavoro. A fine giornata vedevo degli amici per un aperitivo e mi ritrovavo a bere troppo e a mangiare male. Tornavo a casa con un senso di **malessere** e finivo davanti alla TV a guardare film o programmi senza attenzione. Di venerdì e sabato, uscivo fino a tarda notte: locali pieni di gente, tanto alcol e incontri con donne di cui non ricordo più il nome.

Ma poi, da quando c'è Lisetta nella mia vita sono cambiate molte cose.

È cambiato il mio modo di **concepire** il tempo libero. Adesso preferisco trascorrere i fine settimana **immerso nella natura** a **godere** del verde, dei boschi e delle passeggiate lungo il lago.

Lei mi segue **ovunque**, non mi ha mai creato problemi e più stiamo insieme più **la sintonia** tra noi ci permette di affrontare qualsiasi **imprevisto**.

È cambiato anche il mio rapporto con la città. Io non sono di Milano, ci sono venuto per studiare, poi ho trovato lavoro e sono rimasto. Vivo qui da quindici anni, ma non la conosco davvero. Ci sono tantissimi luoghi che non ho mai visto, ma grazie a Lisetta, adesso, ogni occasione è buona per esplorarla.

Per esempio il Parco Sempione. Ci sono andato spesso, soprattutto i primi anni di università, con gli amici, una chitarra e qualche panino. Ma solo adesso, con Lisetta, mi sono accorto di quanto è grande e di quante **meraviglie nasconde**. C'è un silenzio irreale, e la sera, poco prima del tramonto, il cielo regala una luce speciale. Spesso ci vado con un libro: mi sistemo sotto un castagno, vicino al ponte delle Sirenette, con un occhio tengo sotto controllo Lisetta, con l'altro leggo qualche pagina del mio romanzo e torno a casa rigenerato.

Una domenica mattina, mentre giravamo senza **meta** per la città, **ci siamo imbattuti** nel Bosco Verticale, vicino al quartiere Isola. Qualcosa di superlativo. Due **grattacieli** che ospitano centinaia di piante e alberi. Natura e **cemento** che **si fondono** perfettamente. Sono rimasto a guardare senza **fiato**, mi sentivo piccolissimo.

Quel giorno mentre tornavo a casa e stringevo tra le mani Lisetta, mi sono sentito molto fortunato e ho pensato che la vita è davvero **imprevedibile**.

la meta – *Ziel*

imbattersi in qc – *auf etw. stoßen*

il grattacielo – *Wolkenkratzer*

il cemento – *Zement*

fondersi – *verschmelzen*

il fiato – *Atem*

imprevedibile – *unvorhersehbar*

5. La nuova vita

Welche Veränderungen hat Lisetta in Fabios Leben gebracht? Beantworten Sie die Fragen. Es können mehrere Antworten richtig sein.

1. Come viveva Fabio prima di incontrare Lisetta?

- ❍ **A** Prima la sua vita era tutta lavoro.
- ❍ **B** Dopo il lavoro tornava subito a casa.
- ❍ **C** Durante la settimana cenava da solo.
- ❍ **D** Il fine settimana frequentava locali pieni di gente.

2. Come vive da quando c'è Lisetta?

- ❍ **A** Passa i fine settimana in città.
- ❍ **B** Con Lisetta esplora luoghi di Milano che ancora non conosce.
- ❍ **C** Spesso la sera va al Parco Sempione con gli amici.
- ❍ **D** Si sente molto fortunato.

6. Che cosa si fa nel tempo libero?

Am Wochenende genießt Fabio die Natur, immer zusammen mit Lisetta. Welcher Freizeitbeschäftigung könnte er sonst noch nachgehen? Ordnen Sie den Bildern die passenden Tätigkeiten zu.

1

2

3

4

5

6

7

8
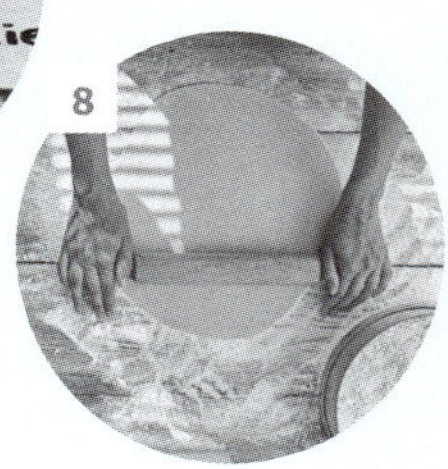

___ **A** giocare a calcio

___ **B** giocare a tennis

___ **C** frequentare un corso di cucina

___ **D** ballare

___ **E** nuotare

___ **F** andare a cavallo

___ **G** andare a vela

___ **H** imparare una lingua straniera

7. Altre attività del tempo libero

Hier finden Sie einige weitere Hobbys. Ordnen Sie den italienischen Begriffen die deutsche Entsprechung zu.

1. dipingere	**A** Volleyball spielen
2. suonare uno strumento	**B** nähen
3. cantare	**C** malen
4. giocare a pallavolo	**D** stricken
5. sciare	**E** ehrenamtlich tätig sein
6. cucire	**F** gärtnern
7. lavorare a maglia	**G** wandern
8. giocare a pallacanestro	**H** ein Instrument spielen
9. fare trekking	**I** alte Postkarten sammeln
10. lavorare in giardino	**J** Ski fahren
11. fare la collezione di vecchie cartoline	**K** singen
12. fare volontariato	**L** Basketball spielen

Das Verb *spielen* kann man mit zwei Verben übersetzen: **giocare** und **suonare**. Diese sind jedoch nicht austauschbar.
Giocare verwendet man für Spiele und Sportspiele:
giocare a calcio, giocare a tennis, giocare a carte *(Karten spielen).*
Suonare verwendet man im Zusammenhang mit Instrumenten:
suonare la chitarra, suonare il pianoforte.

8. Das imperfetto

Das **imperfetto** ist eine Zeit der Vergangenheit. Sie brauchen es zum Beispiel, wenn Sie erzählen wollen, was sich in der Vergangenheit regelmäßig ereignet hat, so wie es Fabio in diesem Zitat tut.

A fine giornata vedevo degli amici per un aperitivo e mi ritrovavo a bere troppo e a mangiare male.

Am Ende des Tages traf ich mich mit Freunden zu einem Aperitif und habe dann immer zu viel getrunken und schlecht gegessen.

Wiederholen Sie nun das *imperfetto* der regelmäßigen Verben auf *-are* und *-ere*. Lesen Sie zuerst die Konjugation von *andare*. Können Sie dann bei *vedere* die Imperfektendungen ergänzen?

andare *(gehen, fahren)*

io and**avo**	noi and**avamo**
tu and**avi**	voi and**avate**
lui / lei / Lei and**ava**	loro and**avano**

vedere *(sehen)*

io **1.** vede______	noi **3.** vede______
tu **2.** vede______	voi **4.** vede______
lui / lei / Lei ved**eva**	loro **5.** vede______

Und nun wiederholen Sie das regelmäßige imperfetto der Verben auf -*ire*! Setzen Sie die Formen von *uscire* in der Konjugationstabelle ein.

uscivi • uscivamo • usciva • uscivano • uscivo • uscivate

uscire *(hinausgehen, ausgehen)*

io **6.** ______	noi **9.** ______
tu **7.** ______	voi **10.** ______
lui / lei / Lei **8.** ______	loro **11.** ______

Es gibt nur wenige Verben mit unregelmäßigem **imperfetto**. Bei diesen werden die Endungen der Verben auf **-ere** an einen erweiterten Verbstamm angehängt: **bere** *trinken* > **bevevo, bevevi ..., dire** *sagen* > **dicevo, dicevi ..., fare** *tun, machen* > **facevo, facevi ...**
Das Verb **essere** *sein* ist ein Sonderfall: **ero, eri, era, eravamo, eravate, erano.**

9. Per esercitare l'imperfetto

Ergänzen Sie nun die Verben im *imperfetto*. Benutzen Sie dabei die 3. Person Singular.

Un tempo Fabio **1.** ______ *(vivere)* in modo molto diverso. **2.** ______ *(cominciare)* presto a lavorare e **3.** ______ *(rimanere)* in ufficio fino a tardi. Il fine settimana **4.** ______ *(frequentare)* locali notturni dove **5.** ______ *(bere)* molto e **6.** ______ *(incontrare)* donne di cui **7.** ______ *(dimenticare)* subito il nome. E Lisetta? Com' **8.** ______ *(essere)* la sua vita prima di incontrare Fabio?

10. Mentre + imperfetto

Mentre heißt *während* und leitet einen Nebensatz ein. Wenn nach **mentre** von einem Geschehen in der Vergangenheit die Rede ist, steht das Verb im **imperfetto**. Das Verb des Hauptsatzes steht im **passato prossimo (ci siamo imbattuti)**, weil es sich um ein Geschehen handelt, das neu einsetzt.

Una domenica mattina, mentre giravamo senza meta per la città, ci siamo imbattuti nel Bosco Verticale, vicino al quartiere Isola.

Eines Sonntagmorgens sind wir, während wir ziellos durch die Stadt zogen, in der Nähe des Stadtviertels Isola auf den Bosco Verticale gestoßen.

Wählen Sie die richtigen Verbformen in den Sätzen aus.

1. Mentre Fabio **ha ammirato / ammirava** il Bosco Verticale, è arrivato un amico.
2. **Cominciava / È cominciato** a piovere, mentre Lisetta aspettava davanti al portone dell'ufficio.
3. Un giorno, mentre Fabio **ha stretto / stringeva** Lisetta tre le mani, si è sentito molto fortunato.
4. Una sera, mentre Fabio tornava a casa, **vedeva / ha visto** un bel regalo per la sua Lisetta.

Es gibt aber auch folgenden Fall:
Mentre Fabio lavorava, Lisetta aspettava fuori.
Während Fabio arbeitete, wartete Lisetta draußen.
Wenn das Geschehen des Hauptsatzes parallel zur Handlung des Nebensatzes verläuft, wird auch im Nebensatz das **imperfetto** benutzt.

11. Altre frasi con „mentre"

Vervollständigen Sie nun die Sätze mit den Verben im *imperfetto*.

1. Mentre i colleghi ______________ *(lavorare)*, Fabio pensava a Lisetta.

2. Che cosa ______________ *(fare)* Lisetta, mentre Fabio era in ufficio?

3. Fabio si sentiva piccolissimo, mentre ______________ *(guardare)* il Bosco Verticale.

4. Mentre leggeva sotto un castagno, con un occhio Fabio ______________ *(tenere)* sotto controllo Lisetta.

Fabio meint, das Leben sei unvorhersehbar. Trifft das auch auf den weiteren Verlauf der Geschichte zu?

Oggi è lunedì. Non ho voglia di fare nulla. Ho una **pila** di **pratiche** da **smaltire** sulla scrivania, ma non riesco a trovare la giusta concentrazione. È ottobre, non fa ancora molto freddo e c'è luce fino al tardo pomeriggio. **Quasi, quasi, vado** a prendere Lisetta e facciamo un giro ai **Navigli**. Mi piace passeggiare in quella zona prima del buio, quando i locali sono ancora vuoti e le strade silenziose.

Mi piace sognare di abitare in una di quelle case di ringhiera che danno sui canali, **sbirciare** i cortili dalla strada e sentirmi in una città europea come Amsterdam o Stoccolma.

Basta, chiudo tutto e vado. Alle pratiche ci penso domani.

Scendo in strada, mi guardo attorno.

Lisetta non c'è. Non è dove l'ho salutata stamattina.

la pila – *Stapel*

la pratica – *Vorgang, Akte*

smaltire – *erledigen*

quasi quasi, vado – *vielleicht gehe ich*

i Navigli – *Kanäle in und um Mailand*

sbirciare – *heimlich betrachten*

confondersi – *sich irren*

Allora **mi sono confuso**: forse l'ho lasciata all'angolo del bar? E invece no, non è neppure là.

Chiedo al barista se l'ha vista, niente.

Chiedo ai passanti, descrivo Lisetta nei minimi particolari, la gente mi guarda stupita. Non possono capire.

Continuo a correre, non so neanch'io cosa spero di trovare.

Lei non c'è, non c'è più. Nessuno potrà ridarmela, ne sono sicuro.

vagare – *umherziehen*
sconvolto – *erschüttert*

Vago senza meta, esausto e **sconvolto**. Poi mi ritrovo davanti a una caserma dei Carabinieri. Entro.

la denuncia – *Anzeige*
il furto – *Diebstahl*

"Buongiorno, vorrei fare una **denuncia** di **furto**: la mia bicicletta."

12. Il giorno del furto

Das war kein Glückstag für Fabio! Haben Sie verstanden, wie der schreckliche Tag verlief? Dann bringen Sie die folgenden Sätze in die richtige Reihenfolge.

A Fabio vaga senza meta per la città.

B Quando esce dall'ufficio, Lisetta non c'è.

C È lunedì e Fabio non ha voglia di fare niente.

D Si trova davanti a una Caserma dei Carabinieri.

E Gli piacerebbe andare a prendere Lisetta e fare un giro ai Navigli.

F Entra e denuncia il furto della sua bicicletta.

G Fabio decide di uscire prima dall'ufficio.

Richtige Reihenfolge: ____________________

13. Fortbewegungsmittel

Dass es sich bei Lisetta um *una bicicletta (ein Fahrrad)* handelt, hätten Sie anfangs wohl nicht gedacht, oder? Schließlich verliebt man sich normalerweise nicht in ein Fahrrad. Kennen Sie die Begriffe weiterer Verkehrsmittel? Dann ordnen Sie den Bildern die passenden Worte zu.

1

2

3

4

5

6

7

8

___ **A** l'aereo

___ **B** il motorino

___ **C** il motoscafo

___ **D** il treno

___ **E** l'autobus

___ **F** la macchina

___ **G** la nave

___ **H** la moto

Geschafft!
Das war die letzte Übung des Sprachkurses. Sie haben sicherlich viel dazu gelernt. Weiterhin viel Spaß und Erfolg beim Italienischlernen.

Lösungen

1 Un piatto che va servito freddo

1. Stefano e il signor Savini
vero: 2, 4, 5 falso: 1, 3, 6

2. Essere
1. sono, **2.** è

3. Avere
1. sono, **2.** è, **3.** è, **4.** è, **5.** ha

4. C'è - ci sono
1. E Ci sono, **2.** C C'è, **3.** F Ci sono, **4.** B Ci sono, **5.** A C'è, **6.** D C'è

5. Charaktereigenschaften
1. sicuro, **2.** gentile, **3.** educato, **4.** indeciso

6. Mehr Charaktereigenschaften
1. G, **2.** E, **3.** A, **4.** I, **5.** C, **6.** D, **7.** B, **8.** F, **9.** H

7. Fare conoscenza
1. richtig: B, **2.** richtig: C, **3.** richtig: B / C, **4.** richtig: A

8. Il menu
Richtige Reihenfolge: C, A, E, B, D

9. Piatti italiani
1. Antipasti: caprese, insalata di mare, prosciutto e melone
2. Primi piatti: minestrone, gnocchi al pomodoro, risotto con funghi porcini
3. Secondi piatti: scaloppine al marsala, grigliata mista di pesce, bistecca alla fiorentina
4. Contorni: patate al forno, verdure grigliate, insalata mista
5. Dessert: tiramisù, macedonia di frutta, torta di mele

10. Che cosa prende?
Richtige Reihenfolge: C, F, A, D, H, B, I, E, G

11. Nach der Herkunft fragen
Frage: ...di dov'è? Antwort: Di Torino.
1. è di, **2.** sono di, **3.** sono di, **4.** siamo di

12. Nationalitätsadjektive
1. E, **2.** D, **3.** A, **4.** B, **5.** F, **6.** C

13. Per essere gentile
1. D, **2.** F, **3.** E, **4.** C, **5.** A, **6.** B

14. Due fratelli
Richtige Reihenfolge: D, I, F, A, C, B, H, E, G

15. Die Angleichung der Adjektive
1. M / SG, **2.** M / SG, **3.** M / PL, **4.** W / SG

16. Per esercitare gli aggettivi
1. occupati, **2.** bassa, **3.** buono, **4.** grandi, **5.** felici, **6.** robuste, **7.** stupenda, **8.** lungo

17. Che vendetta!
vero: 2, 4, 5 falso: 1, 3

18. Die Formen des bestimmten Artikels
1. il, **2.** l', **3.** gli, **4.** la, **5.** le

19. Per esercitare gli articoli
1. Il, **2.** la, **3.** I, **4.** La, **5.** il, **6.** il, **7.** il, **8.** l', **9.** La, **10.** la, **11.** il, **12.** Gli, **13.** il

2 La nonna si sposa

1. Il pranzo della domenica
1. richtig: C, **2.** richtig: A / C, **3.** richtig: A / C, **4.** richtig: B / C

2. La famiglia
1. il papà, **2.** lo zio, **4.** la mamma, **5.** la zia, **6.** la nonna

3. Ancora la famiglia
1. il padre, **2.** il figlio, **3.** il cugino, **4.** il cognato, **5.** il fratello, **6.** il nipote, **7.** il nipote, **8.** il genero, **9.** il suocero

4. Le donne in famiglia
1. il padre, **2.** il figlio, **3.** il cognato, **4.** il fratello, **5.** il nipote, **6.** il cugino, **7.** il suocero, **8.** il genero

5. L'età
Ha sette anni.
1. B, **2.** H, **3.** E, **4.** G, **5.** A, **6.** F, **7.** D, **8.** C

6. Da 20 a 100
1. ventisei, **2.** trenta, **3.** quarantatré, **4.** cinquantotto, **5.** sessantacinque, **6.** settantuno, **7.** ottantanove, **8.** novanta

7. I giorni della settimana
1. lunedì, **2.** martedì, **3.** mercoledì, **4.** giovedì, **5.** venerdì, **6.** sabato

8. La zia Ninetta, la nonna e la spiaggia
vero: 1, 3, 4 falso: 2, 5, 6

9. Das Aussehen
1. B, **2.** F, **3.** D, **4.** A, **5.** E, **6.** C

10. Mehr zum Aussehen
1. Corpo: robusto, magro, alto, snello, basso
2. Capelli: corti, castani, biondi, rossi, ricci, ondulati, grigi, neri, lunghi
3. Occhi: marroni, azzurri, rossi, verdi, grigi

11. In spiaggia
1. H, **2.** C, **3.** E, **4.** G, **5.** B, **6.** F, **7.** A, **8.** D

12. È successa una cosa
Richtige Reihenfolge: B, G, A, F, C, D, E

13. Apparecchiare
1. E, **2.** D, **3.** C, **4.** F, **5.** A, **6.** B

14. I colori
1. I, **2.** G, **3.** F, **4.** L, **5.** J, **6.** E, **7.** B, **8.** C, **9.** K, **10.** H, **11.** M, **12.** D, **13.** A

15. Farbadjektive
1. rossi, **2.** bianco, **3.** viola, **4.** gialle, **5.** marrone, **6.** verde, **7.** nere

16. Tutto
1. tutte le, **2.** tutto il, **3.** tutto il, **4.** tutta la, **5.** tutta la, **6.** tutte le

3 Sulla strada di casa

1. Gaia
vero: 2, 3, 5 falso: 1, 4

2. A che ora?
1. poco prima delle otto
2. dalle sei alle sette
3. verso le undici
4. alle nove
5. fra le tre e le quattro
6. dopo l'una

3. Che ora è?
1. C, **2.** F, **3.** B, **4.** A, **5.** D, **6.** E

4. Che tempo fa?
1. D, **2.** C, **3.** B, **4.** F, **5.** A, **6.** E

5. Das Verb dovere
1. devo, **2.** devi, **3.** deve, **4.** dobbiamo, **5.** dovete, **6.** devono

6. Il suo lavoro, la sua passione
1. la tua, **2.** la nostra, **3.** la vostra, **4.** la loro

7. Die Possessivbegleiter im Plural
1. i tuoi, **2.** i suoi, **3.** i vostri, **4.** le mie, **5.** le sue, **6.** le nostre, **7.** le loro

8. Le forme giuste
1. la sua, **2.** i loro, **3.** la loro, **4.** il suo, **5.** la sua

9. Al bar e per le vie di Siena
Richtige Reihenfolge: B, F, A, C, G, E, D

10. Una bottiglia di vino
1. D, **2.** B, **3.** A, **4.** F, **5.** E, **6.** C

11. Die reflexiven Verben
1. ti giri, **2.** ci giriamo, **3.** vi girate, **4.** si girano

12. La terribile verità
vero: 1, 3, 5 falso: 2, 4, 6

13. Das Verb potere
1. posso, **2.** puoi, **3.** può, **4.** potete

14. Das Verb volere
1. deve, **2.** vuole, **3.** possono, **4.** devono, **5.** vogliono

15. Der Teilungsartikel
Ho comprato del vino.
1. del, **2.** della, **3.** dell', **4.** degli, **5.** dello, **6.** delle, **7.** dei, **8.** degli

4 La casa di ringhiera

1. La casa e i suoi abitanti
1. richtig: A, **2.** richtig: A / C, **3.** richtig: A / C, **4.** richtig: C

2. Case in Italia
1. E, **2.** C, **3.** D, **4.** F, **5.** B, **6.** A

3. Casa e appartamento
1. L, **2.** E, **3.** G, **4.** J, **5.** B, **6.** A, **7.** K, **8.** D, **9.** C, **10.** F, **11.** I, **12.** H

4. Die Verwandtschaft
1. mio nonno, **2.** mio padre, **3.** mia madre, **4.** i miei genitori
5. D, **6.** F, **7.** A, **8.** E, **9.** C, **10.** B

5. Mit oder ohne bestimmten Artikel?
1. i, **2.** Il, **3.** il, **4.** il, **5.** la, **6.** –, **7.** la, **8.** –

6. I giri in macchina
vero: 2, 4 falso: 1, 3, 5

7. Den Beruf angeben
2. fai, **3.** fa, **4.** facciamo, **4.** fate, **5.** fanno

8. Le professioni
1. B, **2.** C, **3.** H, **4.** A, **5.** F, **6.** G, **7.** D, **8.** E

9. Altre professioni
1. D, **2.** I, **3.** E, **4.** F, **5.** A, **6.** J, **7.** K, **8.** B, **9.** G, **10.** L, **11.** H, **12.** C

10. Saper fare qualcosa
1. so, **2.** sai, **3.** sa, **4.** sappiamo, **5.** sapete, **6.** sanno

11. L'incidente
Richtige Reihenfolge: C, E, B, G, A, F, D

12. Präposition + bestimmter Artikel
2. a + il, **3.** a + la, **4.** a + i, **5.** su + l',
6. da + il, **7.** da + i, **8.** su + il

+	il	lo	l'	la	i	gli	le
a	**al**	allo	all'	**alla**	**ai**	agli	**alle**
da	**dal**	dallo	dall'	dalla	**dai**	dagli	dalle
in	nel	nello	nell'	nella	nei	negli	nelle
su	**sul**	sullo	**sull'**	sulla	sui	sugli	sulle

5 Bella da morire

1. Allegra e la signora Alesi
1. richtig: B / C, **2.** richtig: A, **3.** richtig: B,
4. richtig: A / B

2. Il corpo umano
1. A, **2.** B, **3.** I, **4.** L, **5.** C, **6.** D, **7.** N, **8.** H,
9. J, **10.** K, **11.** G, **12.** F, **13.** M, **14.** E

3. Come si sente?
1. E, **2.** D, **3.** B, **4.** F, **5.** A, **6.** C

4. Die Ordnungszahlen
2° secondo, 3° terzo, 4° quarto, 5° quinto,
6° sesto, 7° settimo, 8° ottavo, 9° nono,
10° decimo

5. Die Adverbien auf -mente
1. certamente,
2. Probabilmente,
3. Normalmente,
4. male,
5. bene,
6. Fortunatamente,
7. intensamente

6. Nel camerino di Allegra
Richtige Reihenfolge: B, F, C, H, A, D, G, E, I

7. Die direkten Objektpronomen lo, la, li, le
1. M / SG, **2.** W / SG, **3.** M / PL, **4.** W / PL,
5. lo, **6.** la, **7.** li, **8.** le

8. Die direkten Objektpronomen im Überblick
1. mi, **2.** ti, **5.** La, **6.** Ci, **7.** vi

9. Der Imperativ der 2. Person Singular
1. apri, **2.** prendi, **3.** guarda

10. Die Kurzformen beim Imperativ
1. va', **2.** da', **3.** fa', **4.** sta', **5.** di'

11. Bella da morire
vero: 1, 4, 5 falso: 2, 3

12. L'arredamento
1. F, **2.** D, **3.** E, **4.** B, **5.** C, **6.** H, **7.** A, **8.** G

13. Die indirekten Objektpronomen gli und le
1. M / SG, **2.** W / SG, **3.** M / PL, **4.** W / PL,
5. gli, **6.** le, **7.** gli, **8.** gli

14. Die indirekten Objektpronomen im Überblick
2. dir, **3.** ihm, **4.** ihr, **5.** Ihnen, **6.** uns,
7. euch, **8.** ihnen

15. Objektpronomen
1. A, **2.** C / D / F, **3.** B / C / F, **4.** C / E / F

16. Stare per fare qualcosa
1. Matteo sta per uscire dalla stanza.
2. Allegra sta per aprire la porta.
3. Sta per arrivare la polizia.
4. Allegra sta per cadere nel vuoto.

6 Caso d'agosto

1. I personaggi della storia
1. richtig: A / B, **2.** richtig: B / C,
3. richtig: A / C, **4.** richtig: A / B

2. I mesi
Richtige Reihenfolge: H, E, A, G, J, B, F, I, L, D, K, C

3. Le stagioni
1. D, **2.** C, **3.** B, **4.** A

4. Das passato prossimo
1. ho, **2.** hai, **3.** ha, **4.** abbiamo, **5.** avete

5. Die Bildung des Partizip Perfekt
1. C, **2.** E, **3.** A, **4.** B, **5.** F, **6.** D

6. Das passato prossimo mit essere
1. sei tornato / tornata
2. è tornato / tornata
3. siamo tornati / tornate
4. siete tornati / tornate
5. sono tornati / tornate

7. Esercitiamo il passato prossimo
1. B / C / F, **2.** A / G, **3.** E / G / H, **4.** C / D / F

8. L'ufficio
1. D, **2.** A, **3.** H, **4.** F, **5.** E, **6.** G, **7.** B, **8.** C

9. Il primo incontro
vero: 1, 3, 5, 6 falso: 2, 4, 7

10. Che cosa c'è in una borsa?
1. D, **2.** G, **3.** A, **4.** H, **5.** F, **6.** C, **7.** B, **8.** E

11. Die Personalpronomen beim Imperativ der 2. Person Singular
1. Aiutami! **2.** Guardami! **3.** Rispondigli!
4. Prendilo! **5.** Scusati! **6.** Alzati!

12. La data
1. il tre settembre,
2. il sedici aprile,
3. il venticinque dicembre,
4. il trentun gennaio,
5. il primo maggio

13. Wichtige Sätze für den Alltag
1. C, **2.** E, **3.** J, **4.** A, **5.** H, **6.** D, **7.** I, **8.** B,
9. G, **10.** F

14. La fine del giallo
Richtige Reihenfolge: H, E, A, C, G, B, F, D

15. Alcuni oggetti del giallo
1. E, **2.** F, **3.** D, **4.** G, **5.** A, **6.** B, **7.** C

16. Der verneinte Imperativ der 2. Person Singular
1. Non mi ascoltare!
2. Non ci raccontare tutto!
3. Non andare via!
4. Non ti alzare!
5. Non leggere il diario!
6. Non rispondere subito!

7 A cena con il gatto

1. Il narratore, Marta e Romeo
1. richtig: A / C, **2.** richtig: C / D,
3. richtig: B / C

2. Alcuni animali
1. E, **2.** B, **3.** H, **4.** F, **5.** G, **6.** C, **7.** A, **8.** D

3. Der absolute Superlativ
1. velocissimo,
2. simpaticissima,
3. elegantissimo,
4. famosissimo,

5. interessantissima,
6. vicinissima

4. Die si-Konstruktion
1. dir. Obj. / PL, **2.** dir. Obj. / SG, **3.** Andere, **4.** Andere, **5.** dir. Obj. / PL

5. Un breve esercizio
1. possono, **2.** visitano, **3.** fa, **4.** cerca, **5.** fa, **6.** comprano

6. La serata al ristorante
vero: 2, 3, 7, 9, 10 falso: 1, 4, 5, 6, 8

7. Capi d'abbigliamento
1. F, **2.** D, **3.** E, **4.** C, **5.** B, **6.** A

8. Altri capi d'abbigliamento
1. D, **2.** A, **3.** I, **4.** G, **5.** J, **6.** B, **7.** E, **8.** C, **9.** F, **10.** H

9. Das passato prossimo der reflexiven Verben
1. si è messo,
2. si sono conosciuti,
3. si è divertita,
4. ci siamo dati,
5. si è messa,
6. si è annunciato,
7. si è mossa,
8. si è conclusa

10. Alcuni oggetti della storia
1. F, **2.** D, **3.** E, **4.** G, **5.** H, **6.** A, **7.** B, **8.** C

8 La figlia del generale

1. I personaggi del giallo
1. richtig: A / C, **2.** richtig: B / C

2. Per arrivare all'università
Richtige Reihenfolge: B, D, A, C

3. Che cosa si spegne?
1. B, **2.** C, **3.** A, **4.** E, **5.** F, **6.** D

4. Dopo il rapimento
Richtige Reihenfolge: C, G, F, A, E, B, D

5. Zeitangaben
1. E, **2.** H, **3.** A, **4.** G, **5.** B, **6.** D, **7.** C, **8.** F

6. Die Stellung der Objektpronomen
1. posso trovarli,
2. gli devo dire,
3. devo parlarti,
4. non la posso aprire,
5. vuole osservarlo

7. Il computer
1. C, **2.** A, **3.** B, **4.** D, **5.** H, **6.** E, **7.** F, **8.** G

8. Fragepronomen
1. G, **2.** D, **3.** I, **4.** A, **5.** H, **6.** C, **7.** F, **8.** J, **9.** E, **10.** B

9. La fine del giallo
vero: 1, 2, 4, falso: 3, 5

10. Ortsangaben
1. Nel mezzo della,
2. Sul,
3. a destra del,
4. accanto al,
5. Davanti al,
6. dietro

9 Le mie vacanze in Trentino

1. Mare o montagna?
Richtige Reihenfolge: C, E, A, F, B, D

2. Equipaggiamento da montagna
1. D, **2.** C, **3.** F, **4.** H. **5.** B, **6.** G, **7.** A, **8.** E

3. Die zweiteilige Verneinung
1. B, **2.** D, **3.** E, **4.** A, **5.** C

4. Die Stellung der Verneinungselemente
1. Io non vado mai in montagna.
2. Dalle vacanze non scrivo a nessuno.
3. Non compro niente online.
4. Non prenoto nemmeno una camera online.
5. Non mi piace più andare al mare.

5. Ne bei Mengenangaben
1. comprate, **2.** comprati, **3.** vista, **4.** preso

6. Preparativi e viaggio
1. richtig: A / D, **2.** richtig: A / B,
3. richtig: B / C

7. Stare + gerundio
1. D, **2.** A, **3.** B, **4.** C

8. Per esercitare stare + gerundio
1. Sto facendo,
2. Stanno contando,
3. Sta bevendo,
4. Stiamo giocando,
5. Sto prendendo

9. Gemütszustände
1. G, **2.** D, **3.** I, **4.** F, **5.** H, **6.** C, **7.** A, **8.** E, **9.** B

10. L'arrivo
vero: 1, 5, 7 falso: 2, 3, 4, 6

11. Animali
1. F, **2.** B, **3.** H, **4.** A, **5.** C, **6.** D, **7.** G, **8.** E

10 Colpo di fulmine a Milano

1. Il colpo di fulmine
vero: 2, 3, 6 falso: 1, 4, 5

2. Il lessico dell'amore
1. E, **2.** H, **3.** G, **4.** A, **5.** C, **6.** B, **7.** F, **8.** D

3. Direkte Objektpronomen + passato prossimo
1. l'ho vista,
2. li ho incontrati,
3. le ho viste,
4. l'ho incrociato

4. Per ripetere un po'
1. D / E, **2.** C / F, **3.** B / E, **4.** A / E

5. La nuova vita
1. richtig: A / D, **2.** richtig: B / D

6. Che cosa si fa nel tempo libero?
1. D, **2.** G, **3.** F, **4.** E, **5.** B, **6.** H, **7.** A, **8.** C

7. Altre attività del tempo libero
1. C, **2.** H, **3.** K, **4.** A, **5.** J, **6.** B, **7.** D, **8.** L,
9. G, **10.** F, **11.** I, **12.** E

8. Das imperfetto
1. vedevo, **2.** vedevi, **3.** vedevamo,
4. vedevate, **5.** vedevano
6. uscivo, **7.** uscivi, **8.** usciva, **9.** uscivamo,
10. uscivate, **11.** uscivano

9. Per esercitare l'imperfetto
1. viveva, **2.** Cominciava, **3.** rimaneva,
4. frequentava, **5.** beveva, **6.** incontrava,
7. dimenticava, **8.** era

10. Mentre + imperfetto
1. ammirava, **2.** È cominciato, **3.** stringeva,
4. ha visto

11. Altre frasi con mentre
1. lavoravano, **2.** faceva, **3.** guardava,
4. teneva

12. Il giorno del furto
Richtige Reihenfolge: C, E, G, B, A, D, F

13. Fortbewegungsmittel
1. H, **2.** G, **3.** F, **4.** D, **5.** E, **6.** B, **7.** A, **8.** C

A

	a metà strada	*auf halber Strecke*
	a parte	*außer*
	a piedi	*zu Fuß*
	a prova di vipera	*..., die sicheren Schutz gegen Vipern bieten*
	a terra	*auf dem Boden*
	a turno	*abwechselnd*
	a un certo punto	*irgendwann*
	abbassare	*herunterdrehen, herunterlassen, senken*
l'	**abbigliamento (m.)**	*Bekleidung*
l'	**abbraccio (m.)**	*Umarmung*
	abbronzato	*braun gebrannt*
l'	**accampamento indiano**	*Indianerlager*
	accarezzare	*streicheln*
l'	**acceleratore (m.)**	*Gaspedal*
	accettare	*annehmen*
l'	**acciuga (f.)**	*Anchovis*
	accogliere	*empfangen*
	accomodarsi	*sich setzen*
	accompagnare	*begleiten*
	accorgersi di qc	*etw. bemerken*
l'	**accostamento (m.)**	*Kombination (von Farben)*
	addirittura	*sogar*
	adottare	*übernehmen, anwenden*
l'	**adulto (m.)**	*Erwachsener*
	affacciarsi	*sich zeigen*
	affascinante	*faszinierend*
	affaticato	*müde, erschöpft, überarbeitet*
	affrontare	*anpacken, angehen, in Angriff nehmen*
l'	**agenda (f.)**	*Terminkalender*
l'	**agente della polizia (m.)**	*Polizeibeamter*
	aggirarsi	*sich herumtreiben*
	agire	*handeln*
l'	**aiuto (m.)**	*Hilfe*
	aiuto!	*Hilfe!*
	al sicuro	*in Sicherheit*
	alle spalle di	*hinter*
l'	**allevatore (m.)**	*Viehzüchter*
	all'improvviso	*plötzlich*
	all'insù	*hochgekämmt*
	allontanarsi	*sich entfernen*
	allungare il piatto	*den Teller hinhalten*
	alto	*groß(gewachsen)*
	alzare	*hochheben*
l'	**ambulanza (f.)**	*Rettungswagen, Krankenwagen*
	ammazzare	*umbringen*
	ammirare	*bewundern*
	andare a cavallo	*reiten*
	andare a spasso	*spazieren gehen/fahren*
	andare a trovare qu	*jdn. besuchen*
	andare a vela	*segeln*
	andare avanti	*andauern*
l'	**angolo (m.)**	*Ecke*
	annegare	*ertrinken*
	annuire	*nicken, zustimmen*
	anzi	*sogar*
	apparecchiare	*decken*

	apparecchiato	*gedeckt*
l'	**appassionato di computer (m.)**	*Nerd*
	appena	*soeben, gerade; nur, erst*
	appendere	*aufhängen*
	appendersi a qc	*sich an etw. festhalten*
	appoggiare	*abstellen, ablegen; anlehnen*
	apprezzare qc	*etw. zu schätzen wissen*
	approfittare	*ausnutzen*
gli	**appunti (Pl.)**	*Notizen, Aufzeichnungen*
	appunto	*eben*
l'	**aria (f.)**	*Luft*
l'	**arma (f., Pl. le armi)**	*Waffe*
	arrabbiato	*wütend*
	arrampicarsi	*klettern*
	arrendersi	*nachgeben*
	arrestare	*festnehmen*
l'	**ascensore (m.)**	*Lift*
l'	**asciugamano (m.)**	*Handtuch*
l'	**asola (f.)**	*Knopfloch*
l'	**assassino (m.)**	*Mörder*
	assemblare	*hier: zusammenbau-en*
	assomigliarsi	*sich gleichen*
	assumere qu	*jdn. einstellen*
	astuto	*listig, schlau*
	attentamente	*aufmerksam*
l'	**attenzione (f.)**	*Aufmerksamkeit*
l'	**attimo (m.)**	*Augenblick*
	attraente	*attraktiv*
	avere a che fare con	*zu tun haben mit*
	avere bisogno di qc	*etw. brauchen*
	avere i capelli a spazzola	*einen Bürstenschnitt haben*
	avere il fiatone	*außer Atem sein*
	avere ragione	*recht haben*
	avere troppo sonno	*zu müde sein*
	avere tutta l'aria di qc	*ganz nach etw. aussehen*
l'	**avventura (f.)**	*Abenteuer*
	avvertire	*warnen*
	avvicinarsi	*sich nähern*
l'	**azienda (f.)**	*Unternehmen*

B

il	**babbo**	*Papa*
i	**baffi (m. Pl.)**	*Schnurrbart*
	bagnato	*nass*
	basso	*tief; klein(wüchsig*
il	**bastone**	*Gehstock*
	battere	*schlagen*
la	**battuta**	*Witz, Scherz*
le	**bestie da pascolo**	*Weidevieh*
la	**biancheria**	*(Bett-)Wäsche*
la	**bibita**	*Getränk*
il	**biglietto da visita**	*Visitenkarte*
la	**biro**	*Kugelschreiber*
il	**biscotto**	*Keks*
la	**bistecca**	*Steak*
la	**bocca**	*Mund*

il	**bordo**	*Rand*
il	**bosco**	*Wald*
il	**bottone**	*Knopf*
il	**box della doccia**	*Duschkabine*
il	**braccio**	*Arm*
la	**brillantina**	*Haargel*
	brillare	*leuchten*
il	**brodo**	*Brühe*
	brutto	*hässlich*
la	**bugia**	*Lüge*
	buio	*dunkel*
il	**buio**	*Dunkelheit*
il	**buon affare**	*gutes Geschäft*
il	**buonumore**	*gute Laune*
il	**burro**	*Butter*
	bussare	*klopfen, anklopfen*
la	**busta**	*Einkaufstüte*
	buttare	*werfen*

C

la	**cacca**	*Kacke*
	cacciare	*drücken; (ver-)jagen*
	cadere	*stürzen, fallen*
il	**calcio**	*Fußtritt*
	calmare	*beruhigen*
	calmo	*ruhig*
	calvo	*glatzköpfig*
	cambiare	*sich verändern*
	cambio: in cambio di	*im Tausch gegen*
il	**camerino**	*Garderobe*
la	**camicetta**	*Bluse*
il	**camoscio**	*Gämsbock*
il	**campanello**	*(Haustür-)Klingel*
	candido	*schneeweiß*
i	**canederli (m. Pl.)**	*Knödel*
la	**cantina**	*Keller*
	capitare	*geschehen, vorkommen*
	capitare tra le mani a qu	*jdm. in die Hände fallen*
la	**capretta**	*Zicklein*
il	**capufficio**	*Büroleiter*
la	**caramella**	*Bonbon*
il	**carattere**	*Zeichen (in Dateien)*
la	**carezza**	*Streicheln*
la	**cartina**	*Landkarte, Wanderkarte*
la	**casa unifamilia-re**	*Einfamilienhaus*
il	**caso**	*Fall*
il	**casolare**	*(abgelegenes) Landhaus*
la	**cassaforte**	*Tresor*
il	**castagno**	*Kastanienbaum*
	castano	*kastanienbraun*
il	**catino**	*Schüssel*
	catturare	*gefangen nehmen, fesseln*
la	**cella**	*Zelle*
il	**cellulare**	*Handy*
il	**cemento**	*Zement*
la	**cena galante**	*amouröses Abendessen*
il	**cenno**	*Zeichen, Wink*
la	**cerimonia**	*Feier, Zeremonie*
il	**cervo**	*Hirsch*
il	**cespuglio**	*Busch*
la	**cesta**	*Korb*
	chiacchierare	*schwätzen, plaudern*

	chiudere a chiave	*abschließen*
il	**cibo**	*Essen*
il	**cimitero**	*Friedhof*
la	**cintura di sicurezza**	*Sicherheitsgurt*
la	**ciotola**	*Fressnapf*
	circondare	*umgeben, umschließen*
il	**ciuffo**	*Haarsträhne*
il	**coetaneo**	*Gleichaltriger*
	cogliere alla sprovvista	*überrumpeln*
il	**collaboratore**	*Mitarbeiter*
la	**collaboratrice**	*Mitarbeiterin*
la	**collana**	*Kette*
	collegare	*verbinden*
il	**collo**	*Hals*
il	**colonnato**	*Säulengang*
la	**colpa**	*Schuld*
il	**coltello**	*Messer*
	combinare	*zu Stande bringen*
il	**commercialista**	*Steuerberater*
	commovente	*rührend*
la	**compagnia**	*Gesellschaft*
il	**compagno di scuola**	*Schulkamerad*
	compiere 18 anni	*18 Jahre alt werden*
	comunque	*wie auch immer, jedenfalls*
	concepire	*sich vorstellen*
il	**condominio**	*Haus mit Eigentumswohnungen*
	confessare	*zugeben, gestehen*
	confondersi	*sich irren*
la	**confusione**	*Durcheinander, Verwirrung*
il	**coniglio**	*Kaninchen*
	consegnare	*übergeben, aushändigen*
	considerare	*erwägen*
	consolare	*trösten*
il	**contadino**	*Bauer*
	contagioso	*ansteckend*
il	**convento**	*Kloster*
	convincere	*überzeugen*
	convinto	*überzeugt*
	convivere	*(ohne Trauschein) zusammenleben*
la	**copertina**	*Einband, Umschlag*
la	**coppia**	*Paar*
il	**coraggio**	*Mut*
	coraggioso	*mutig*
la	**corona**	*Krone*
la	**corte**	*Hof*
il	**cortile**	*Hof, Hinterhof*
la	**costruzione**	*Bau(werk)*
il	**criceto**	*Hamster*
il	**cuoco**	*Koch*
il	**cuore**	*Herz*
la	**cupola**	*Kuppel*

D

	da adulto	*als Erwachsener*
	da lontano	*aus der Ferne*
	da nessuna parte	*nirgendwo*
	dalle parti di	*in der Gegend von*
	dare su qc	*hinausgehen auf/nach etw.*
	dare un'occhiata	*einen Blick werfen*
	davvero	*wirklich*
	debole	*schwach*

	decidere	*sich entscheiden*
	deciso	*energisch, bestimmt, dezidiert*
	del resto	*im Übrigen*
il	**delinquente**	*Verbrecher, Gauner*
	delizioso	*entzückend, reizend*
	deluso	*enttäuscht*
il	**dente**	*Zahn*
la	**denuncia**	*Anzeige*
il	**dépliant**	*Prospekt*
il	**deposito**	*Depot*
	descrivere	*beschreiben*
il	**desiderio**	*Wunsch*
la	**determinazione**	*Entschlossenheit*
	di schiena	*rücklings, mit dem Rücken*
	di solito	*normalerweise*
il	**diario**	*Tagebuch*
	dietro l'angolo	*um die Ecke*
il	**dipinto**	*Gemälde*
	dirigersi	*sich begeben*
il	**diritto**	*Recht*
il	**distacco**	*Distanz, Unbeteiligtheit*
	distrarre	*ablenken*
	distratto	*zerstreut, unaufmerksam*
	distrutto	*zerstört; erschöpft, kaputt*
	disturbare	*stören*
il	**divertimento**	*Spaß, Vergnügen*
la	**divisa**	*Uniform*
il	**doppio**	*Doppelte*
il	**dubbio**	*Zweifel*

E

	è arrivato il turno di qc	*etw. war an der Reihe*
	è fatta	*es ist geschafft*
	eccitante	*aufregend*
l'	**edilizia popolare (f.)**	*sozialer Wohnungsbau*
	educato	*höflich, wohlerzogen*
	effetti: in effetti	*tatsächlich*
l'	**elenco (m.)**	*Liste*
l'	**elicottero (m.)**	*Helikopter*
l'	**emozione (f.)**	*Gefühl, Emotion*
	ennesimo	*x-ter*
	entrambi	*beide*
l'	**entusiasmo (m.)**	*Begeisterung*
	eppure	*und doch*
	esausto	*erschöpft*
l'	**esercito (m.)**	*Armee*
l'	**esperto (m.)**	*Experte, Kenner*
	esplorare	*auskundschaften*
l'	**esploratore (m.)**	*Entdecker*
l'	**espressione (f.)**	*(Gesichts-)Ausdruck*
	essere disteso	*liegen*
	essere in corso	*in Gang sein*
	essere spaventato	*Angst haben*
un	**etto**	*100 Gramm*

F

la	**faccia**	*Gesicht, Miene*
la	**facciata**	*Fassade*
il	**faccino**	*Gesichtchen*
	fallire	*misslingen, fehlschlagen*
la	**fame**	*Hunger*

il	**fantasma**	*Gespenst*
	fantasticare	*fantasieren*
	far finta di	*so tun, als ob*
	fare baldoria	*Quatsch machen*
	fare compagnia a qu	*jdm. Gesellschaft leisten*
	fare finta di	*so tun als ob*
	fare i bagagli	*packen*
	fare i rotoloni	*sich wälzen*
	fare impazzire qu	*jdn. verrückt machen, jdn. in den Wahnsinn treiben*
	fare le fusa	*schnurren*
	fare soffrire	*leiden lassen*
	fare una battuta	*einen Witz machen*
	farsi male	*sich wehtun, sich verletzen*
la	**fatica**	*Mühe*
la	**fatica**	*Anstrengung*
	faticare	*Mühe haben*
	fatta: è fatta	*es ist geschafft*
il	**fazzoletto**	*Taschentuch*
la	**febbre**	*Fieber*
la	**ferita**	*Wunde*
	ferito	*verletzt*
	fermo!	*halt!*
	fermo: rimanere fermo	*stehen bleiben*
la	**fetta**	*Schnitte, Scheibe*
il	**fiato**	*Atem*
il	**fidanzato**	*Verlobter*
	fidarsi di qu	*jdm. vertrauen*
la	**fila**	*Reihe*
il	**filo metallico**	*Metalldraht*
il	**finestrino**	*Fenster*
	finire su	*landen in*
il	**Fiore di Loto**	*Lotusblüte*
	fissare	*anstarren*
	fisso	*starr, fest*
il	**foglietto**	*Zettel*
	fondersi	*verschmelzen*
la	**forchettata**	*eine Gabel (voll)*
una	**forchettata grande di**	*eine große Gabel voll mit*
la	**fortuna**	*Glück*
	fortunato	*glücklich*
il	**foulard**	*Halstuch, Kopftuch*
il	**fratello maggiore**	*der ältere Bruder*
	frenare	*bremsen*
	frequentare	*besuchen*
il	**fresco**	*Frische*
il	**frigorifero**	*Kühlschrank*
la	**fronte**	*Stirn*
	frugare	*(herum-)wühlen*
il	**funerale**	*Begräbnis*
	fuori	*außer Haus*
	furibondo	*wutentbrannt, wütend*
il	**furto**	*Diebstahl*

G

la	**gara**	*Wettkampf*
	ghiacciato	*vereist*
la	**giornata lavorativa**	*Arbeitstag*
un	**giorno o l'altro**	*eines Tages, über kurz oder lang*
	girarsi	*sich umdrehen*
il	**giro**	*Rundfahrt*
la	**gita**	*Ausflug*

il	**giuramento**	*Schwur*
	giurare	*schwören*
	giusto	*richtig*
	godere	*genießen*
	godersi qc	*etw. genießen*
la	**gola**	*Hals*
	graffiare	*zerkratzen, kratzen*
il	**grasso**	*Fett*
il	**grattacielo**	*Wolkenkratzer*
	grattarsi	*sich kratzen*
	grave	*schwer*
	grazioso	*reizend*
	gridare	*schreien*
il	**grido**	*Schrei*
la	**guancia**	*Backe*
	guardarsi attorno / intorno	*sich umsehen*
la	**guardia**	*Wächter*
la	**guardia giurata**	*vereidigter Wachmann*
la	**guida**	*Führer*
	guidare	*Auto fahen*

I

	il colpo	*Schuss*
	illuminare	*anstrahlen, beleuchten*
l'	**imbarazzo (m.)**	*Verlegenheit*
	imbattersi in qc	*auf etw. stoßen*
	imbavagliato	*geknebelt*
l'	**imbianchino (m.)**	*Maler*
l'	**immagine (f.)**	*Bild*
	immerso nella natura	*mitten in der Natur*
	immobile	*regungslos, unbeweglich*
	imparare	*lernen*
	impedire	*verhindern*
	impegnarsi	*sich Mühe geben*
	imprevedibile	*unvorhersehbar*
l'	**imprevisto (m.)**	*Unvorhergesehenes*
	improvvisamente	*plötzlich*
	in cambio di	*im Tausch gegen*
	in effetti	*tatsächlich*
	in fondo a qc	*am Ende von etwas*
	in fretta	*schnell, eilig*
	in lacrime	*in Tränen (aufgelöst)*
	in mezzo a	*mitten in*
	in punto	*punkt*
	in un battibaleno	*im Nu*
	incamminarsi	*sich auf den Weg machen*
	incandescente	*rot glühend*
	inciampare	*stolpern*
l'	**incidente (m.)**	*Unfall*
l'	**incidente stradale (m.)**	*Verkehrsunfall*
	incitare	*anregen*
	incontrare qu	*jdn. treffen*
l'	**incontro (m.)**	*Begegnung*
	incorniciare	*einrahmen*
	incrociare qu	*jdm. begegnen, auf jdn. stoßen*
	indaffarato	*(sehr) beschäftigt*
	indeciso	*unentschlossen*
l'	**indomani**	*am nächsten Tag*
	indossare	*tragen, anhaben, anziehen*
l'	**indossatrice (f.)**	*Model*

l'	**influenza (f.)**	*Grippe*
l'	**inganno (m.)**	*Täuschung*
	inginocchiarsi	*sich hinknien*
	innamorarsi	*sich verlieben*
	innamorato	*verliebt*
l'	**insegnamento (m.)**	*Lehre*
	insegnare	*unterrichten*
	insomma	*kurz und gut*
	insopportabile	*unerträglich*
	intervenire	*eingreifen*
	intonarsi a	*passen zu*
	inutilmente	*umsonst, zwecklos*
	inventare	*erfinden*
l'	**invidia (f.)**	*Neid*
	invidiare	*beneiden*
l'	**invito (m.)**	*Einladung*
l'	**ispirazione (f.)**	*Inspiration*

L

la	**lacrima**	*Träne*
	lanciarsi contro qu	*sich auf jdn. stürzen*
il	**lato**	*Seite*
il	**legame**	*Verbindung*
	legare	*binden, festbinden*
	legato	*gefesselt*
	lento	*langsam*
la	**lettera**	*Buchstabe*
	liberare	*befreien*
	libidinoso	*lüstern, geil*
il	**liceo**	*Gymnasium*
	lieto	*erfreut*
	limitarsi	*sich beschränken*
	litigare	*sich streiten*
il	**livello dell'acqua**	*Wasserstand*
	lontano: da lontano	*aus der Ferne*
	lucido	*glänzend*

M

la	**macchia**	*Fleck*
la	**macedonia di frutta**	*Fruchtsalat*
	maggiore	*älter*
il	**mal di denti**	*Zahnschmerzen*
il	**mal di gola**	*Halsschmerzen*
il	**mal di testa**	*Kopfschmerzen*
	maledire	*verfluchen*
il	**malessere**	*Unbehagen*
il	**malumore**	*schlechte Laune*
	mandare giù	*verdauen, schlucken*
	mani in alto!	*Hände hoch!*
la	**maniglia**	*Türklinke*
la	**mano**	*Hand*
il	**manuale**	*Lehrbuch*
	Mario Rigoni Stern	*Schriftsteller, Asiago 1921-2008*
la	**marmotta**	*Murmeltier*
il	**maso**	*(Bauern-)Hof*
il	**materassino**	*Luftmatratze*
la	**matita**	*Bleistift*
il	**matrimonio**	*Hochzeit*
il	**mattone**	*Backstein, Ziegelstein*
	me lo sento	*ich spüre das*
	medievale	*mittelalterlich*
	meglio	*besser*
la	**mensola**	*Konsole*
la	**meraviglia**	*Wunder*
il	**messaggio**	*Nachricht*

	messo per lungo	*der Länge nach auf-/hingestellt*
la	**meta**	*Ziel*
	metà: a metà strada	*auf halber Strecke*
	mettere tristezza	*traurig machen*
	mettersi	*sich stellen*
	mettersi a urlare	*zu schreien beginnen*
la	**mezzanotte**	*Mittenacht*
il	**miagolio**	*Miauen*
il	**miele**	*Honig*
	minacciare	*drohen*
il	**minestrone**	*Gemüsesuppe*
il	**minimo particolare**	*kleinstes Detail*
il	**Ministero della Difesa**	*Verteidigungs-ministerium*
	minore	*jünger*
il	**missile**	*Rakete*
la	**modella**	*Model*
	montanaro	*Berg-*
	mosso	*wellig*
	mostrare	*zeigen*
il	**mostro**	*Monster*
il	**motivo**	*Grund*
la	**moto**	*Motorrad*
il	**motorino**	*Mofa*
il	**motoscafo**	*Motorboot*
il	**mucchio**	*Haufen*
il	**mulo**	*Maulesel*
	muoversi	*sich bewegen*
le	**mura**	*Stadtmauern*

N

	nascere	*geboren werden*
	nascondere	*verstecken*
	nascosto	*versteckt*
il	**Natale**	*Weihnachten*
	navigare	*surfen*
i	**Navigli (m. Pl.)**	*Kanäle in und um Mailand*
	né ... né	*weder ... noch*
la	**nebbia**	*Nebel*
	nel frattempo	*inzwischen*
	neppure una volta	*kein einziges Mal*
	nessuno	*niemand*
	nevicare	*schneien*
	non c'entrare nulla	*nichts damit zu tun haben*
	non si sa mai	*man kann nie wissen*
	non vedere l'ora di	*es kaum erwarten können zu*
la	**noncuranza**	*Gleichgültigkeit*
	nonostante	*trotz*
la	**nostalgia**	*Sehnsucht*
	notare	*bemerken*
il	**Novecento**	*20. Jahrhundert*
la	**novità**	*Neuigkeit*
la	**nuvola**	*Wolke*
	nuvoloso	*wolkig*

O

gli	**occhiali (Pl.)**	*Brille*
	oh, poverino!	*ach, du Armer!*
	oltre	*jenseits*
l'	**ombra (f.)**	*Schatten*
l'	**ombrellone (m.)**	*Sonnenschirm*
l'	**omicidio**	*Mord*

	ondulato	*gewellt*
	ora	*jetzt*
l'	**ora (f.)**	*Stunde; Uhr*
	ora: non vedere l'ora di	*es kaum erwarten können zu*
	ordinare	*befehlen*
	ordinario	*gewöhnlich*
l'	**oretta (f.)**	*knappe Stunde*
	ormai	*nun, jetzt*
	orribile	*scheußlich*
	ospitare	*aufnehmen, beherbergen*
	osservare	*beobachten, aufmerksam betrachten*
	ovunque	*überall(hin)*

P

il	**pacco**	*Packung*
la	**pace**	*Frieden*
un	**paio**	*ein paar, einige*
il	**palazzetto**	*kleines Gebäude*
	pallido	*blass*
la	**pallonata**	*Schuss mit dem Ball*
il	**pallone**	*Fußball*
la	**pancia**	*Bauch*
il	**panettiere**	*Bäcker*
	parcheggiare	*parken*
	parecchie volte	*viele Male, oft*
la	**parete**	*Wand*
la	**parete**	*Wand*
il	**parrucchiere**	*Friseur*
	parte: a parte	*außer*
	parte: dalle parti di	*in der Gegend von*
	particolare	*speziell, außergewöhlich*
la	**Pasqua**	*Ostern*
	passare	*vorbeigehen*
il	**passato**	*Vergangenheit*
la	**passerella**	*Laufsteg*
la	**passione**	*Leidenschaft*
il	**passo**	*Schritt*
le	**patate al forno**	*Bratkartoffeln*
la	**patente**	*Führerschein*
la	**paura**	*Angst*
il	**pavimento**	*(Fuß-)Boden*
	paziente	*geduldig*
	pazienza!	*was soll's!*
	pazzo	*verrückt*
il	**peggio**	*das Schlimmste*
la	**pelle**	*Haut*
la	**penna**	*Füllfeder, Kuli*
	per caso	*zufällig*
	per fortuna	*zum Glück*
	per paura	*aus Angst*
	pescare	*fischen*
il	**peso**	*Gewicht*
il	**pettine**	*Kamm*
il	**petto**	*Brust*
il	**pezzetto**	*Stückchen*
il	**pezzo**	*Stück*
la	**piaga**	*Plage*
	piangere	*weinen*
il	**piano**	*Plan*
la	**pianta**	*Pflanze*
	piantare	*einrammen*
	picchiare	*verprügeln*
la	**pila**	*Stapel*

il	**pile**	*Fleecejacke, Fleecepullover, Fleeceweste*
il	**pittore**	*Kunstmaler*
il	**piumino**	*(leichte) Daunenjacke*
il	**poliziotto**	*Polizist*
il	**porcellino d'India**	*Meerschweinchen*
la	**porta a vetri**	*Glastür*
il	**portabagagli**	*Kofferraum*
il	**portafoglio**	*Brieftasche*
il	**portone d'ingresso**	*Eingangstor*
	posteriore	*hinterer*
il	**poveretto**	*armer Kerl*
	poverino: oh, poverino!	*ach, du Armer!*
la	**pratica**	*Vorgang, Akte*
	preferito	*bevorzugt, Lieblings-*
	prendere fiato	*Luft holen*
	prendere il passo	*den Rhythmus finden, in die Gänge kommen*
	prendere in giro	*sich lustig machen*
	prenotare	*buchen, reservieren*
	preoccuparsi	*sich Sorgen machen*
	preparato	*qualifiziert*
	prezioso	*wertvoll*
	principale	*hauptsächlich, Haupt-*
	probabile	*wahrscheinlich*
il	**proprietario**	*Besitzer*
	proprio come	*genau wie*
	proseguire	*weitergehen*
la	**prospettiva**	*Perspektive*
il	**protagonista**	*Hauptdarsteller, Held*
	proteggersi	*sich schützen*
la	**prova**	*Beweis*
la	**prova di sopravvivenza**	*Überlebensprobe*
	prudente	*vorsichtig*
il	**punto di vista**	*Gesichtspunkt*

Q

	qualsiasi cosa	*alles (Mögliche)*
	quasi, quasi, vado	*vielleicht gehe ich*
il	**quattordicesimo secolo**	*15. Jahrhundert*

R

la	**rabbia**	*Wut*
	raccogliere qc	*etw. aufheben; auf etw. eingehen*
il	**raccoglitore**	*Ordner*
il	**raffreddore**	*Schnupfen*
	raggiungere	*erreichen*
il	**rapimento**	*Entführung*
la	**rapina**	*Raub, Raubüberfall*
	rapito	*entführt*
il	**rapporto**	*Beziehung*
la	**realtà**	*Wirklichkeit*
la	**relazione**	*Beziehung*
	rendersi conto di qc	*sich einer Sache bewusst werden*
	respirare a fatica	*schwer atmen*
	restituire	*zurückgeben*
	resto: del resto	*im Übrigen*
il	**retro**	*hinterer Teil, Rückseite*
la	**retromarcia**	*Rückwärtsgang*

	riccio	*kraus, gelockt*
	ricercato	*gefragt, begehrt*
	riconoscere	*wiedererkennen*
	ridarmela	*sie mir wiedergeben*
	ridere	*lachen*
	ridere un sacco	*viel lachen*
	ridicolo	*lächerlich*
	riempire	*(auf-)füllen*
	riempirsi	*sich füllen*
il	**rientro**	*Rückkehr*
	riflesso	*gespiegelt*
	riflettersi	*sich widerspiegeln*
il	**riformatorio**	*Erziehungsheim*
il	**rifugio**	*Berghütte*
	rigenerato	*erholt*
	rimanerci	*dabei draufgehen*
	rimanere	*bleiben*
	rimanere fermo	*stehen bleiben*
	rimanere sorpreso	*überrascht sein*
la	**ringhiera**	*Geländer*
	rinunciare	*verzichten*
	ripugnante	*abstoßend*
la	**risata**	*Gelächter, Lachen*
	risolto	*hier: aufgeklärt*
	risparmiare	*sparen*
	ritrovarsi a fare qualcosa	*immer wieder etwas tun*
	riunirsi	*sich treffen, sich versammeln*
	riuscire	*gelingen, es schaffen*
	rivelare	*verraten*
il	**rivestimento**	*Verkleidung*
la	**rivista**	*Zeitschrift*
	rivolgersi a qu	*sich an jdn. wenden, sich jdm. zuwenden*
la	**roba**	*Zeug*
	roccioso	*felsig*
il	**romanzo**	*Roman*
	rotolarsi	*sich rollen*
	rotondo	*rund*
	rovesciare	*schütten*
	rubare	*stehlen*
il	**rumore**	*Geräusch*

S

la	**sabbia**	*Sand*
un	**sacco di**	*eine Menge*
il	**salasso**	*Aderlass*
il	**salotto**	*Wohnzimmer, Empfangszimmer*
la	**salsiccia**	*Wurst*
	saltare	*springen*
	saltellare	*hüpfen, herumspringen*
	salvo	*gerettet*
il	**sangue**	*Blut*
	sano e salvo	*gesund und munter*
	Santa Isidora!	*um Gottes Willen!*
	sbagliare numero	*sich verwählen*
	sbagliarsi	*sich irren*
	sbirciare	*heimlich betrachten*
	scacciare	*wegjagen*
la	**scaloppina**	*Kalbsschnitzel*
	scappare	*fliehen; entkommen*
	scartare	*auspacken*
la	**scatoletta**	*Dose*
	scavalcare	*darüberklettern*
	scherzare	*scherzen, Witze machen*
lo	**scherzo**	*Scherz*

	schifoso	*widerlich, abstoßend*
la	**scimmia**	*Affe*
	sciogliersi	*sich lösen*
	scivolare	*gleiten, ausrutschen*
lo	**scoglio**	*Klippe*
	scomparire	*verschwinden*
la	**sconosciuta**	*Unbekannte*
	scontrarsi	*zusammenstoßen*
	sconvolto	*bestürzt, erschüttert*
	scoprire	*entdecken*
	scorso	*vergangener, letzter*
lo	**scotch**	*Klebstreifen*
la	**scrivania**	*Schreibtisch*
	scuotere	*schütteln*
	sdraiarsi	*sich hinlegen*
la	**sdraio**	*Liegestuhl*
	se ti va	*wenn du magst*
il	**secchio della spazzatura**	*Mülleimer*
il	**sedere**	*Hintern*
	sedersi	*sich setzen*
la	**sedia**	*Stuhl*
	segnare	*aufschreiben, eintragen*
	segnato	*gezeichnet*
il	**semaforo**	*Ampel*
	sembrare	*scheinen, aussehen wie*
la	**sensazione**	*Gefühl*
il	**senso**	*Gefühl*
il	**senso di colpa**	*Schuldgefühl*
il	**sentiero**	*Pfad, Weg*
	sentire: me lo sento	*ich spüre das*
	sentirsi in colpa	*sich schuldig fühlen*
	separarsi	*sich trennen*
	serve / servono	*man braucht*
il	**servizio**	*Reportage, Bericht*
il	**servizio fotografico**	*Fotoreportage*
la	**sfilata**	*Modenschau*
	sfogliare	*durchblättern*
	sforzarsi	*sich anstrengen*
lo	**sguardo**	*Blick*
la	**sicurezza**	*Sicherheit*
il	**silenzio**	*Stille*
	silenzioso	*schweigsam*
	sincero	*ehrlich*
la	**sintonia**	*Übereinstimmung, Einigkeit*
	sinuoso	*kurvenreich*
la	**sirena dell' ambulanza**	*Martinshorn*
	sistemarsi	*sich einrichten, es sich bequem machen*
	slacciato	*aufgeschnürt*
	smaltire	*erledigen*
	smascherare	*entlarven*
	smettere	*aufhören*
	snello	*schlank*
	socchiuso	*angelehnt*
	soddisfatto	*zufrieden*
la	**soddisfazione**	*Genugtuung*
il	**soggiorno**	*Wohnzimmer*
	sognare	*träumen*
	solito	*gewohnt, üblich*
	solito: di solito	*normalerweise*
	sollevare	*(hoch-)heben*
i	**soprammobili (m. Pl.)**	*Nippes*
	sorprendersi	*sich wundern*
	sorpreso	*überrascht*

	sorridere	*lächeln*
il	**sorriso**	*Lächeln*
il	**sorso**	*Schluck*
la	**sosta**	*Halt*
	sostenere	*behaupten*
	sottile	*dünn*
	sotto sotto	*insgeheim*
la	**spalla**	*Schulter*
	spalla: alle spalle di	*hinter*
	sparare	*schießen*
	spaventarsi	*erschrecken*
	spaventoso	*schrecklich*
lo	**spazio**	*Raum, Platz*
la	**specie**	*Art*
	spiegare	*erklären*
	splendente	*strahlend*
	sporco	*schmutzig*
lo	**sportello**	*Autotür*
	sposarsi	*heiraten*
lo	**sposo**	*Bräutigam*
	spostare	*verrücken, verschieben*
lo	**spumante**	*Schaumwein, Sekt*
	squillare	*klingeln*
la	**stalla**	*Stall*
lo	**stesso**	*derselbe, dasselbe*
lo	**stilista**	*Modedesigner*
la	**stilista**	*Modedesignerin*
la	**stradina**	*Sträßchen*
	stranamente	*seltsamerweise*
	strano	*seltsam*
	strappare qc a qu	*jdm etw. entreißen*
la	**stretta di mano**	*Handschlag*
	stringere	*(fest-)halten, umklammern*
	stupendo	*wunderschön, fantastisch, herrlich*
	stupido	*dumm*
	stupito	*erstaunt*
	succedere	*geschehen, sich ereignen*
il	**successo**	*Erfolg*
	sudare	*schwitzen*
	suggestivo	*beeindruckend, faszinierend*
	sul serio	*wirklich, im Ernst*
	suonare	*klingeln*
il	**suono**	*Klang*
	superare	*überwinden*
	superlativo	*außergewöhnlich, großartig*
	sussurrare	*flüstern*
	svegliarsi	*aufwachen*
la	**svendita**	*Ausverkauf*
	svenire	*ohnmächtig werden*

T

la	**tartaruga**	*Schildkröte*
la	**tasca**	*Tasche (an der Kleidung)*
il	**taschino**	*Tasche (des Sakkos)*
il	**tavolino**	*Couchtisch*
la	**teglia**	*Ofenform*
la	**tegola**	*Ziegel*
la	**tela**	*Gemälde*
	tenere	*halten*
	tenersi un po' compagnia	*sich gegenseitig ein bisschen Gesellschaft leisten*

la	**tensione**	*Spannung*
	tentare	*versuchen*
	terminare	*enden*
il	**terreno**	*Grundstück*
	terribile	*schrecklich*
	teso	*gespannt, angespannt*
il	**tesoro**	*Schatz; Liebling, Schatz*
il	**tesserino**	*Ausweis*
il	**tessuto**	*Gewebe, Stoff*
la	**testa**	*Kopf*
il	**testimone**	*Zeuge*
la	**testimonianza**	*Zeugenaussage*
il	**tetto**	*Dach*
il	**tetto spiovente**	*Giebeldach*
il	**tettuccio**	*das kleine Dach*
	ti va?	*magst du?*
	tigrato	*getigert*
la	**timidezza**	*Schüchternheit*
	tingersi	*sich färben*
	tintinnare	*klirren*
	tirare	*hinterherwerfen*
	tirare giù	*herunterziehen*
il	**tizio**	*Typ*
	toccare	*berühren, streifen (Thema)*
il	**tonno**	*Thunfisch*
il	**topo**	*Maus*
la	**torcia**	*Taschenlampe*
il	**tornante**	*Kehre*
le	**Torri del Latemar (f. Pl.)**	*Latemartürme*
la	**torta**	*Torte, Kuchen*
la	**tosse**	*Husten*
la	**traccia**	*Spur*
il	**traffico**	*Verkehr*
il	**tragitto**	*Fahrt, Strecke*
il	**tramezzino**	*Sandwich*
il	**tramonto**	*Sonnenuntergang*
	tranne	*ausgenommen, außer*
	trascorrere	*verbringen*
	trasferirsi	*übersiedeln, umziehen*
	trattarsi di qc	*sich um etw. handeln*
	trattenere il fiato	*den Atem anhalten*
	trattenere il respiro	*die Luft anhalten*
il	**tratto**	*Strecke*
il	**tribunale**	*Gericht*
	tristezza: mettere tristezza	*traurig machen*
	trotterellare	*trippeln*
	tutt'attorno	*rundherum*
	tutto quello che ti serve	*alles, was du brauchst*

U

	uccidere	*umbringen, ermorden*
l'	**ufficio (m.)**	*Büro*
	umido	*feucht*
	una buona volta	*endlich einmal*
	una ventina	*ungefähr zwanzig*
	unico	*einzigartig*
	uno	*jemand, einer*
l'	**uomo d'affari (m.)**	*Geschäftsmann*
	urlare	*schreien*

V

	va servito	*er / sie / es muss serviert weden*
	va: ti va?	*magst du?*
	vacillare	*wanken*
	vagare	*umherziehen*
la	**Val di Fiemme**	*Fleimstal*
	valere	*wert sein*
il	**valore**	*Wert*
	vario	*verschieden*
il	**vasetto**	*Glas*
la	**vedova**	*Witwe*
la	**vendetta**	*Rache*
	vendicarsi di qn	*sich an jdm. rächen*
il	**ventaglio**	*Fächer*
il	**vento**	*Wind*
	verde pisello	*erbsengrün*
la	**Vergine**	*Jungfrau (Maria)*
la	**verità**	*Wahrheit*
la	**vernice**	*Lack*
	versare	*einschenken*
	versato	*verschüttet, vergossen*
la	**vespa**	*Vespa (Motorroller des italienischen Unternehmens Piaggio)*
la	**vetta**	*Gipfel*
la	**villetta a schiera**	*Reihenhaus*
la	**visita guidata**	*Führung*
il	**viso**	*Gesicht*
	vistoso	*auffällig*
la	**vittima**	*Opfer*
la	**voce**	*Stimme*
	voglia: non avere voglia	*keine Lust haben*
il	**volante**	*Lenkrad*
	volare	*dahinfliegen, verfliegen im Nu*
il	**volume**	*Lautstärke*
	vomitare	*erbrechen*
il	**vuoto**	*Leere*

Z

lo	**zaffiro**	*Saphir*
	zitto zitto	*ganz still / leise*
la	**zona**	*Gegend*

5.6, 50, 105 (Thomas Hartmann (Illustrathomas)); Fotolia, New York: **53.6** (foto.fritz); **61.2** (Digitalpress); **61.3** (Jiri Hera); **61.4** (sommai); **77.3** (YakobchukOlena); **77.8** (kasto); **100.8** (shutswis); **124.4** (Rasulov); **124.7** (Melpomene); **132** Tisch und Stühle, S. 135 (Terriana); **136.3** (Popova Olga); **136.4** (Tarzhanova); **154** (XtravaganT); iStockphoto, Calgary, Alberta: **11.1** (Nikada); **11.3** (lucamoi); **39.1** (Portra); **39.4** (RobertBreitpaul); **39.6** (Wavebreakmedia); **129.6** (bugphai); **157.4** (leezsnow); **164.4** (lechatnoir); PONS GmbH, Stuttgart: **52.1**, **52.2**, **52.3**, **52.4**, **52.5**, **52.6** (PONS GmbH); Shutterstock, New York: **5.1** S.7 (Viktoriya); **5.2** S.29 (Zoom Team); **5.3** S. 49 (KrystianWozniak); **5.4** S. 68 (Arya Falanesca); **5.5** S.83 (Kamieshkova); **6.1** S. 126 (Phant); **6.2** S. 140 (island7); **6.3** S. 155 (vitdes); **6.4** S. 170 (Mur34); **8** Tisch, S.8; Gondel, S.10, T-Shirt und Hut, S.24 (Saint A); **11.2** (Mariia Golovianko); **14** (IR Stone); **18.2** (MaraZe); **18.3** (RossHelen); **18.4** (LaMiaFotografia); **19.6** (Ppictures); **22** (BORTEL Pavel - Pavelmidi); **25** (it_girl87); **30**, **133** (makar); **31** Ball; S.32, Sonnenschirm, S. 35, Muschel; S. 36, Muschel; S. 44, Sonnenhut; S. 46, Muschel (Yuzach); **34.1**, **34.4**, **34.6**, **34.8** (Axel Bueckert); **34.2**, **34.5** (emka74); **34.3** (InnaFelker); **34.7** (Rafael Croonen); **39.3** (WAYHOME studio); **39.5** (Harbucks); **41.3** (Sergiy1975); **41.7** (Diana Taliun); **43**, **64** (MaKars); **53.1** (elen_studio); **53.2** (Mimadeo); **53.3** (ZoranKrstic); **53.4** (djgis); **53.5** (ChameleonsEye); **57** Flaschen; S.58, Bar (portumen); **60** (goffredo iacobino); **61.6** (AlenKadr); **68** (Zhanna Smolyar); **70.1** (Vadim Bochkarev); **70.4** (Celli07); **70.5** (barbacane); **70.6** (Red Fish Images); **74** (Tidarat Tiemjai); **77.2** (Stock-Asso); **77.4**, **176.2** (goodluz); **77.7** (Dmytro Zinkevych); **84** (Aleks Bond); **86** (Gelpi); **87.1** (Wavebreakmedia Ltd); **87.2** (Nikodash); **87.3** (cyano66); **87.6** (ajlatan); **90** (Prokhorovich); **99** (bioraven); **100.1** (Elsa Hoffmann); **100.2** (Photobac); **103.3** (wavebreakmedia); **103.4** (William Perugini); **108.1** (Vladifot); **108.2** (ultimathule); **108.4** (Christian Mueller); **109** S.125 (Katakata); **115** (diana pryadieva); **117.2** (Daniela Staerk); **117.5** (279photo Studio); **117.8** (Oliver Hoffmann); **121** (nikiteev_konstantin); **122** (Babich Alexander); **124.1** (Jarva Jar); **124.2** (ARTFULLY PHOTOGRAPHER); **124.5** (Fotos593); **128** (marcovarro); **129.1** (otsphoto); **129.2** (Anastasia Solovykh); **129.3** (Callipso); **129.4** (Lamnoi Manas); **129.5**, **129.7** (Grigorita Ko); **129.8** (kurhan); **131** (wjarek); **136.1** (sergeevana); **136.2** (Nataliia K); **136.5** (Andrienko Anastasiya); **136.6** (Maffi); **139.1** (imagIN.gr photography); **139.2** (ppl); **139.6** (seeyou); **142**, **156** (Ksuxa-muxa); **144.2** (Paul Maguire); **146**, **162** (Olga Tropinina); **150.4** (AF studio); **150.5** (Atstock Productions); **150.6** (LINE ICONS); **150.7** (Shams Suleymanova); **150.8** (rehab-icons); **153** (Crystal Eye Studio); **157.7** (elenovsky); **157.8** (Africa Studio); **168** (elenabsl); **169.1** (Matteo photos); **169.3** (BlackDorianstock); **169.4** (N-sky); **169.5** (schubbel); **169.6** (Mark Medcalf); **171** (Mascha Tace); **173.3** (loreanto); **173.4** (AJR_photo); **175** (Martchan); **176.1** (Pavel L Photo and Video); **176.3** (Wallenrock); **176.6** (Orion-v); **176.8** (ESstock); **182** (Laifalight); **183.1** (GlebStock); **183.2** (Olga Gavrilova); **183.3** (pio3); **183.4** (S-F); **183.5** (Art Konovalov); **183.6** (iryna1); **183.7** (Alexey Y. Petrov); **183.8** (freevideophotoagency); **133, 134** (Yoko Design); Thinkstock, München: **11.4**, **11.5**, **19.5** (bluejayphoto); **11.6** (ventdusud); **18.1** (Xantana); **19.1** (tupungato); **19.2**, **176.4** (IakovKalinin); **19.3** (ValeryEgorov); **19.4** (sborisov); **39.2** (Poike); **41.1** (LUHUANFENG); **41.2** (venakr); **41.4** (Palto); **41.5** (MileA); **41.6**, **45.4**, **113.4**, **113.8** (Ryan McVay); **41.8** (gerduess); **45.1** (PavelHlystov); **45.2** (Maxxa_Satori); **45.3** (Konstantin Khanzhov); **45.5** (VvoeVale); **45.6** (Aaron Amat zaragoza); **61.1** (PhotoEuphoria); **61.5** (Salamatik); **70.2** (Ingram Publishing); **70.3** (Marc_Osborne); **77.1**, **87.5**, **103.2**, **112.2** (Wavebreakmedia Ltd); **77.5** (RossHelen); **77.6** (Minerva Studio); **87.4** (g-stockstudio); **100.3** (PhonlamaiPhoto); **100.4** (Simon Krzic); **100.5** (mihalis_a); **100.6** (Pix11); **100.7** (3DMAVR); **103.1** (Maria Teijeiro); **108.3** (anyaivanova); **112.1** (sanjagrujic); **112.3**, **173.1** (Purestock); **112.4** (JANIFEST); **113.1**, **157.3** (Hemera Technologies); **113.2**, **113.5**, **117.3** (scanrail); **113.3** (Ivantsov); **113.6** (goir); **113.7** (Nerthuz); **117.1** (nikolinna); **117.4** (esolla); **117.6** (Modify260); **117.7** (JosT Elias); **124.3** (Jiri Hera); **124.6** (sarahdoow); **139.3** (John_Kasawa); **139.4** (Pavel Kapish); **139.5**, **150.2** (Bet_Noire); **139.7** (funmill); **139.8** (Nenov); **144.1** (Dmitry Vinogradov); **144.3** (Bombaert); **144.4** (filipfoto); **144.5** (neamov); **144.6** (phive2015); **150.1** (Stepan_Bormotov); **150.3** (Photodisc); **157.1** (kravcs); **157.2** (pioneer111); **157.5** (yevgenromanenko); **157.6** (firina); **164.1** (Dynamic Graphics); **164.2** (altrendo images); **164.3** (romrodinka); **169.2** (KiltedArab); **169.7** (Dmitry Kalinovsky); **169.8** (Tom Brakefield); **173.2** (Ridofranz); **176.5** (boggy22); **176.7** (fotokostic)